"十三五"国家重点出版物出版规划项目

图解服务的细节

042

すぐわかるスーパーマーケット　日配の仕事ハンドブック

生鲜超市工作手册 日配篇

海量图解日本生鲜超市先进管理技能

[日]《食品商业》编辑部 编

孙传玲 译

人民东方出版传媒
People's Oriental Publishing & Media
东方出版社
The Oriental Press

目录

第 9 章

"家计"的支出及每月支出数据

豆腐/油炸豆腐/魔芋/纳豆/其他豆制品(冻豆腐、黄豆粉、豆腐渣等)/生乌冬面、荞麦面/腌萝卜/腌白菜/梅干/其他腌菜类(红姜丝等)/鱼类腌制品(醋腌青花鱼、醋腌草鱼等)/甜烹海带/甜烹海鲜/其他蔬菜、甜烹海藻类(海苔等)/鱼糕/鱼卷/油炸鱼糕(炸胡萝卜鱼肉饼等)/其他鱼类熟食(鱼肉山芋饼、伊达卷等)/其他蔬菜、海藻加工食品(蔬菜罐头、金针菇等)/其他鱼类加工食品(腌鱼肉、乌贼丝等)/鸡蛋/黄油/奶酪/其他乳制品(生奶油等)/牛奶/酸奶/布丁/果冻/蛋糕/蜂蜜蛋糕/其他西点/日式点心/羊羹/其他日式点心(铜锣烧、大福等)

第 10 章

营业额、利润，卖场及商品"数字" 297

前言

生鲜超市的工作基本上以女性、临时工为中心，相信他们以后还会继续作为对职场来说必不可少的重要部分而努力。

但不得不提的是，关于如何将大家的能力发挥到最大程度，企业所做的工作还远远不够。

尽管目前已经有些企业会将临时工提升成为部门负责人或转正成为正式工，甚至还有些企业会积极地倾听女性的声音，采纳女性的提案以扩大消费者的支持。

但是，这类企业绝非多数。

只有将"正确教导，并给予正确的评价"这一企业方面的努力与"好好学习，全心全意为顾客服务"这一工作人员方面的积极性相结合，企业才能发展得更好。只有培养并提高大家的积极性，企业才能繁荣。

本书便是为生鲜超市的一线员工的现场工作提供指导及进行自我学习而编著的一本教材。

本书在之前的"生鲜食品教科书系列"《蔬果教科书》《水产教科

书》《肉禽教科书》《日配教科书》的基础上进行了重新编辑整理，并新增加了各部门共通的卫生管理知识、标识规则等新内容。

超市正面临人才短缺的困境。

所以，我们必须将企业的正确教导及评价机制与各位工作人员的自学及积极向上相结合，摆脱目前的这一困境。

我们坚信各位都会拥有一个辉煌的未来！

2014 年春

株式会社商业界《食品商业》编辑部

第 **1** 章

日配部门"工作"的基本内容

日式与西式日配部门的基础知识

日配部门的特点及其定位

（1）销售额及销售收入构成比高

不同范畴的部门设定会有些差异，但日配部门的销售额及销售收入构成比位居榜首。所以，日配部门的强弱直接影响着整体的销售额及营业总额。

（2）总营业额高

尽管在总营业额比率上日配部门比不上熟食及生鲜部门，但总的销售量位居榜首。日配部门直接影响着商店的利润，所以对日配部门的日常利润管理非常重要。

（3）利润贡献度最大

日配部门的总营业额约占整个商店的四分之一，是贡献利润最大的部门。销售收入构成比与毛利润率的乘积有助于商店的预算设定及销售战略的筹划。

（4）商品购买比率高

不仅是特卖商品，主要的日配品每天都是定量变动的。特别是购买比率较高的"八白"食品（豆腐、熟乌冬面、生鱼卷、腌白菜、牛奶、酸奶、切片面包、鸡蛋），这些日配品作为"每日低价"（Every day Low Price ＝EDLP）食品，与来店的顾客的多少直接相关。

（5）低成本、高效率

因为日配部门没有像生鲜三部门、熟食部门中的店内加工环节，所以在人工费方面有很大的优势，是人工费比率较低的"人力生产性NO.1部门"。但冷藏、冷冻等需要一定的管理费，所以平日的除霜等维护管理工作必须严格执行。

各部门销售收入构成比、毛利润率、相乘积比较(例)

部门	销售收入构成比	毛利润率	相乘积
蔬果	15.3%	20.0%	3.1%
肉禽	12.2%	27.2%	3.3%
水产	16.3%	25.3%	4.1%
日配	21.4%	25.5%	5.5%
家常菜	7.1%	38.0%	2.7%
加工食品、点心	20.4%	16.0%	3.3%
杂货	7.1%	21.0%	1.5%
总计	100.0%	-----	23.8%

※ 销售收入构成比 = 部门销售额 ÷ 店销售总额 × 100
※ 总营业额率 = 部门总营业率 ÷ 部门销售额 × 100
※ 相乘积 = 销售收入构成比 × 毛利润率

日配部门的商品特征

（1）饭桌上必不可少的商品

基本可以说，日配品是饭桌上的一日三餐所必不可少的东西。种类广泛，涉及日式料理、西式料理、中式料理、其他亚洲料理等。

（2）商品的周转率高

日配品几乎是每个家庭每天都会消费的，是消费者购买频率较高的商品。所以保证货架上有足够的货物、不发生断货是非常重要的。

（3）保存性差、对新鲜度要求高

日配品的保存性较差，且保质期短，无法一次性大量购买。所以对日配品每天进行新鲜度管理、日期管理是非常重要的。

（4）健康食品、热卖食品

电视、杂志等"健康特辑"中经常会提到大豆蛋白（豆腐、油豆腐、豆腐皮、豆奶等）及乳酸菌（泡菜、酸奶、乳酸菌饮料等）。

这类节目在电视上播出后，有时甚至会出现相关商品断货的情况，所以要注意收集必要信息，多储备此类商品。

（5）自有品牌（Private Brand=PB）商品

所谓自有品牌（Private Brand），是指连锁商店自己开发生产的商品及商标，并致力于销售的商品。与此相对，大型生产商生产的商品被称为全国品牌（National Brand=NB）。

（6）当地品牌商品较多

像豆腐、魔芋、腌菜、生面、牛奶、鸡蛋等均属于地域性较强的商品。这些商品也是区别于其他店的重要的特色商品。

（7）单价低的商品多

由于日配品的保存性较差，所以大包装、大容量等商品不容易卖出去。

100日元（相当于人民币5元左右）左右的商品比较容易卖。日配品的平均单价（一件商品的价格）（日配品的销售额÷日配品的总销售数量）在100–130日元。

应注意与其他店比较，认真确认自家店商品的特色、商品种类、价格、销售方法等。

日式、西式日配品的商品分类

如果把商店比作是森林，那部门就是"树木"。"树木"（部门）分为几根"树干"（中部门），然后再分为"树枝"（大分类）。

"树枝"又可分为"小树枝"（中分类），"小树枝"上又有"叶子"（小分类），还会开出无数的"花朵"（商品项目）。而"花朵"又由"花瓣"（SKU）组成。

"花朵"（商品项目）中，既有季节性的，又有常年盛开性的。然后还会有"花骨朵"（成长期商品）、"盛开之花"（鼎盛时期商品）、"开始凋落之花"（衰退时期商品）之分。

超市销售的商品（花朵）亦是如此。虽然有句话叫作"只见树木（部门）不见森林（商店）"，但在商品被分配到各部门后，还是需要我们偶尔离开"树木"来看一下"森林"，这样也许能意外地发现我们平时看不到的东西。

日式日配品分类一览表

中部门	大分类	中分类	小分类
日式日配品	日式日配	(1)豆腐、油豆腐	①豆腐
			②加工豆腐
			③油豆腐
			④轻炸豆腐

中部门	大分类	中分类	小分类
			⑤零售
			⑥烹调品
			⑦调味品
			⑧其他
		(2)魔芋丝	①魔芋
			②魔芋丝
			③凉粉类
			④零售
			⑤烹调品
			⑥调味品
			⑦其他
		(3)纳豆	①粒纳豆
			②碎纳豆
			③烹调品
			④调味品
			⑤其他
		(4)生面	①乌冬面
			②日本荞麦面
			③炒面
			④拉面
			⑤意大利面
			⑥亚洲面
			⑦调味套装面
			⑧汤汁
			⑨其他

中部门	大分类	中分类	小分类
			①腌咸菜
			②泡菜
			③腌萝卜丝
			④梅干
		(5)腌菜	⑤腌咸萝卜
			⑥姜、薤头
			⑦调料汁
			⑧零售
			⑨其他
			①甜烹海带
			②甜烹海鲜
			③甜烹蔬菜
		(6)甜烹海味煮菜类	④肉松、干紫菜末
			⑤煮豆
			⑥调味品
			⑦其他甜烹海味
			⑧其他煮豆
			①鱼糕
			②风味鱼糕
			③珍味鱼糕
		(7)鱼肉熟食	④鱼卷
			⑤炸鱼糕
			⑥鱼肉山芋饼
			⑦零售
			⑧调味品、调味汁

中部门	大分类	中分类	小分类
			⑨烹调品
			⑩其他
			⑪鱼肉火腿
		(8)各国食品	①亚洲菜配料
			②西餐配料
			③饺子
			④烧麦
			⑤云吞
			⑥点心
			⑦烹调品
			⑧调味料、调味汁
			⑨其他
		(9)烹调品	①便当材料
			②米饭、小吃
			③煮菜、沙拉
			④熟食
			⑤农产烹调品
			⑥畜产烹调品
			⑦水产烹调品
			⑧其他
		(10)冷冻食品	①冷冻蔬菜
			②米饭
			③小吃
			④面
			⑤炸鸡块
			⑥便当材料

中部门	大分类	中分类	小分类
			⑦甜点
			⑧大袋装
			⑨畜产加工品
			⑩水产加工品
			⑪冰
			⑫其他
		(11)鸡蛋	①普通鸡蛋
			②特殊鸡蛋
			③鹌鹑蛋、皮蛋
			④蛋类烹调品
			⑤其他

西式日配品分类一览表

中部门	大分类	中分类	小分类
西式日配品	西式日配	(1)乳制品 (注1)	①黄油
			②麦淇淋
			③加工奶酪
			④天然奶酪
			⑤蛋糕坯
			⑥零售
			⑦组合销售
			⑧其他
		(2)牛奶 (注2)	①牛奶
			②加工牛奶
			③强化牛奶
			④其他

续表

中部门	大分类	中分类	小分类
		(3)冷藏饮料	①牛奶饮料
			②果汁饮料
			③蔬菜汁
			④咖啡、红茶
			⑤绿茶、健康茶
			⑥健康饮料
			⑦豆奶
			⑧乳酸菌饮料
			⑨其他
		(4)酸奶	①原味酸奶
			②固态酸奶
			③水果酸奶
			④饮料酸奶
			⑤酸奶调味汁
			⑥其他
		(5)冷藏点心	①布丁
			②果冻
			③芝士甜点
			④泡芙
			⑤咖啡伴侣
			⑥西式冷藏点心
			⑦日式冷藏点心
			⑧东洋点心
			⑨其他
		(6)冷藏烹调品	①比萨、奶汁烤菜
			②汤

中部门	大分类	中分类	小分类
			③生意大利面
			④蒸煮袋装食品
			⑤沙拉调味汁、果酱
			⑥调味料、调味汁
			⑦其他
		(7)冰淇淋 (注3)	①冰淇淋球
			②多球冰淇淋
			③三球冰淇淋
			④冰淇淋杯
			⑤豆馅糯米冰淇淋
			⑥甜筒
			⑦冰棒
			⑧冰淇淋甜点
			⑨冰
			⑩干冰
			⑪冻酸奶
			⑫冻水果
			⑬其他
	面包	(8)面包 (注4)	①切片面包
			②综合
			③卷形面包
			④法式面包
			⑤点心面包
			⑥丹麦面包
			⑦三明治
			⑧熟食面包

续表

中部门	大分类	中分类	小分类
			⑨各国面包
			⑩面包相关食品
			⑪其他
		(9)点心、糯米饼	①日式糯米饼
			②非冷藏西式点心
			③非冷藏日式点心
			④其他

※ 注1 奶酪食品常被归类于加工奶酪类。有必要学习掌握关于天然奶酪的知识。

※ 注2 分类显示在商品包装上，要进行确认。

※ 注3 一般成箱的商品被称为"组合装"，散卖的商品被称为"独立包装"。

※ 注4 面包分为"现烤面包"（在面包店现场烤制的面包）和"批售面包"（超市大批采购后进行销售的面包），这里的面包主要指批售面包。

第 2 章

关于日配部门"商品"的基础知识

豆腐、油豆腐

日式日配商品中必不可少的食品，强调的是价格、鲜度及食品种类。

商品特征及生产方法

豆腐与大酱、酱油、纳豆相同，是富含大豆蛋白的食品。从易于消化方面来讲，豆腐远远超过煮食大豆类。

目前多用卤水（氯化镁）、硫酸钙、葡萄糖酸内酯等作为豆腐的凝结剂。镁离子、钙离子作用于大豆蛋白使之凝结成为豆腐。

葡萄糖酸内酯是葡萄糖发酵后的物质，它可以使豆腐慢慢地凝结成块，非常便于使用。而卤水（氯化镁）会与大豆蛋白快速发生反应，使用起来稍有难度，但卤水更能保留豆腐本来的甜味及香味。另外，甘油酸酯常被作为去泡沫剂、乳化剂来使用。

豆腐、油豆腐的种类

①木棉豆腐

将凝固剂放入豆浆中使其凝固，然后将其放到铺有棉滤布的带孔箱子里，这是其名称的由来。

②绢滤豆腐

在豆浆中放入凝固剂后将其搅拌均匀，然后放到无孔的密封箱内使之凝固成乳胶状的一种豆腐。

③**软豆腐**

兼有木棉豆腐的"硬"和绢滤豆腐的"润滑感"的一种豆腐。

④**寄席豆腐**

将凝固后的豆腐放入箱内，但不施加任何压力，然后将之盛入容器的一种豆腐。用小笊篱将其中的水分去除掉后的豆腐，又被称为"笊篱豆腐"。

⑤**填充豆腐**

将凝固剂放入豆浆中，然后放入模具成型或密封包装的一种豆腐。

⑥**青大豆豆腐、黑豆豆腐**

用青大豆磨成的绿色豆面做成的豆腐为青大豆豆腐。用脱去表层豆皮的黑豆做成的独具风味的豆腐为黑豆豆腐。

⑦**生豆腐皮（刺身豆腐皮）**

将豆浆放入锅中并进行短时间加热后，表面会形成一层膜。将取出后的这层膜称为生豆腐皮。

⑧**油豆腐**

在生豆浆（大豆浸泡后磨成的浆）中放入凝固剂凝固，然后将其研碎放入箱内进行压榨，充分去掉水分。将其切成薄片，经两次油炸后制成的一种豆腐。

⑨ 轻炸豆腐、油炸豆腐

将一般的木棉豆腐切成较厚的豆腐片，充分去掉水分后，油炸至焦黄色。

⑩ 油炸豆腐饼

充分去掉木棉豆腐中的水分后，加入山药、胡萝卜、牛蒡、海带丝、芝麻，做成一定大小的饼，再经油炸后做成的一种豆腐。

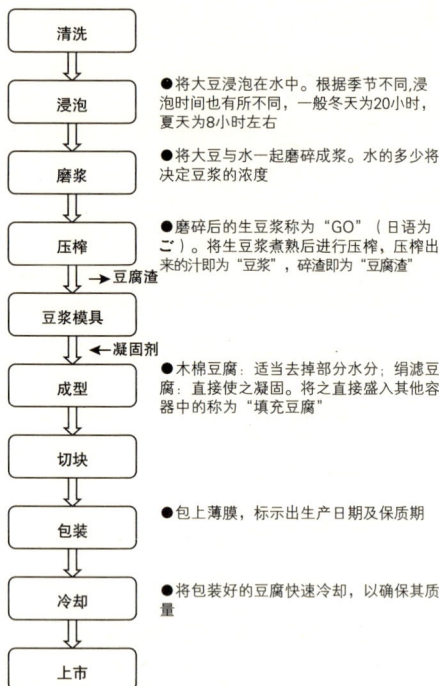

豆腐生产工艺及流程

流程：清洗 → 浸泡 → 磨浆 → 压榨 →（豆腐渣）→ 豆浆模具 →（凝固剂）→ 成型 → 切块 → 包装 → 冷却 → 上市

●将大豆浸泡在水中。根据季节不同，浸泡时间也有所不同，一般冬天为20小时，夏天为8小时左右

●将大豆与水一起磨碎成浆。水的多少将决定豆浆的浓度

●磨碎后的生豆浆称为"GO"（日语为ご）。将生豆浆煮熟后进行压榨，压榨出来的汁即为"豆浆"，碎渣即为"豆腐渣"

●木棉豆腐：适当去掉部分水分；绢滤豆腐：直接使之凝固。将之直接盛入其他容器中的称为"填充豆腐"

●包上薄膜，标示出生产日期及保质期

●将包装好的豆腐快速冷却，以确保其质量

⑪ 豆腐渣

将生豆浆煮熟，压榨后产生的渣滓，就是豆腐渣。

质量方面的注意点

①豆腐

a.形状是否有破损；b.水是否混浊；c.包装盒是否有漏水现象；d.包装盒是否有膨胀现象；e.加工豆腐是否有小孔。

②油豆腐、油炸豆腐饼

a.表面是否干燥变硬；b.是否有油渗出；c.是否有发霉及

油氧化迹象。

※ 必须每天检查生产日期、保质期、保存温度。

商品畅销期及季节指数

①豆腐

从每月的指数来看，冬天的火锅所需的豆腐量、夏天的凉拌豆腐的所需量较高，需求呈波浪形。

②油豆腐、油炸豆腐饼

春秋两季，在"煮菜、火锅"中使用的油豆腐、油炸豆腐饼的需求量较大，呈"V"字形。

魔芋、魔芋丝类

作为健康食品宣传、根据季节变化安排卖场布局。

商品特征及生产方法

魔芋，又称魔芋芋，其地下根茎呈扁球形。生长 3-4 年后可成为制作魔芋的原料。魔芋芋的芋头中所含的碳水化合物被称为葡甘露聚糖，将其精制而成后便是魔芋。

在葡甘露聚糖中加入水后会膨胀成凝胶状，在其中加入作为凝固剂的石灰（水氧化钙）后可凝固。

魔芋、魔芋丝类食品的种类

①魔芋

从大的方面来讲，魔芋可分为两种。一种是一般的"板状魔芋"。另外一种是"丝状魔芋"（丝的粗细各异）。

如凉粉一样的称为"突魔芋"，其他还有像"有机栽培""生芋""去涩味""手工制作""扭制"等，在制作方法、原料、形态等方面有独特做法的种类。

②魔芋丝

细丝状的魔芋称为"魔芋丝"，但这并不是指将做好的魔芋切成细丝。魔芋与魔芋丝在制作过程中虽然都要用到魔芋粉（精粉），但魔芋丝的制作过程为：在魔芋粉中放入较少的水后将其放入有细孔的圆筒中，加压，放入碱性热水中烧开至沸腾。

魔芋与魔芋丝分别都有白色和黑色两种。其实它们原本都为白色。呈黑色的是因为在其中加入了羊栖菜粉等。

③其他

还有一些别致的魔芋，如加入了辣椒、芝麻、海苔、柚子、紫苏等的魔芋。还有做成一口大小的果冻状的魔芋果冻。

④凉粉

与魔芋不同，凉粉主要是由石花菜、牛毛石花菜等海藻类原料制成的。因其含有丰富的食物纤维且为零卡路里食品，作为健康食品，非常受欢迎。

质量方面的注意点

①是否有融化现象且无弹力？

②随着时间的推移，其厚度是否有减少（水分过多）？

③表面是否变色？

④是否有漏水现象？

⑤凉粉的话，还要注意附赠的两包醋的味道如何。

商品畅销期及季节指数

魔芋、魔芋丝的需求量会从秋天开始增加，到12月份达到最高，然后又逐渐减少。

尽管会有凉粉、魔芋生鱼片等适合夏天的清凉食品在夏季上市，但其需求量仍不及12月份最高时的一半，是一种需求量波动较大的商品。

某企业曾做过针对"经常做的魔芋料理"的一项调查（可多选），其结果如下：

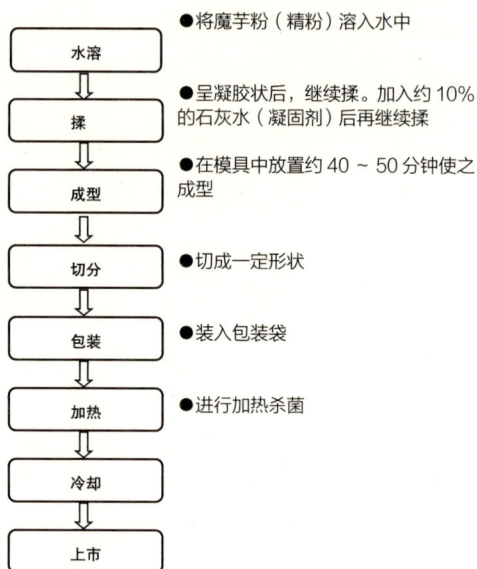

水溶	● 将魔芋粉（精粉）溶入水中
揉	● 呈凝胶状后，继续揉。加入约10%的石灰水（凝固剂）后再继续揉
成型	● 在模具中放置约40～50分钟使之成型
切分	● 切成一定形状
包装	● 装入包装袋
加热	● 进行加热杀菌
冷却	
上市	

①甜烹海味 85.5%。

②煮菜 78.6%。

③日式牛肉火锅 60.3%。

④煮、炒类 31.9%。

⑤大酱汤、猪肉酱汤 31.0%。

⑥酱烤串 25.6%。

⑦什锦饭 25.6%。

⑧生吃 11.7%。

⑨凉拌菜 3.9%。

⑩牛排 3.5%。

⑪其他 3.2%。

如调查结果所示，魔芋、魔芋丝多用于"甜烹海味""煮菜""日式牛肉火锅"等料理。而这些料理主要集中在秋冬季，所以可以推测出秋冬季是魔芋、魔芋丝的需求量高峰期。但也说明仍需开发一些夏季菜单及适合夏天的商品。

纳豆

高营养、低价格是其卖点，进一步拓宽菜单以增加需求量。

商品特征及生产方法

纳豆可以增强人体对大豆蛋白的消化吸收性。纳豆作为解救世界粮食危机的食品，备受世界关注。

一直以来，日本的东北、关东地区都有食用纳豆的传统。现在，以前不太食用纳豆的关西地区，也逐渐开始食用纳豆，且需求量日益增加。

食用纳豆的增加率，如冬季气候一般，呈现"西高东低"的倾向，但这一差距在逐渐缩小。

●问卷调查：选择纳豆时的标准

①价格。

②大豆颗粒的大小。

③是否为日本产大豆。

④是否为有机栽培大豆。

⑤店里的促销等。

⑥指定生产商。

⑦包装设计。

⑧广告（电视、杂志等）。

●**喜欢盒装的理由**

①便宜、划算。

②分量多。

③一直都是买盒装的。

④说不出为什么就买了。

⑤盒数正好。

●**喜欢杯装的理由**

①可直接食用。

②容易开封。

③一直都买杯装的。

纳豆的种类

①**按包装样式分类**

按包装样式可分为单盒装、两盒装、三盒装、四盒装、单杯装、双杯装、三连杯、四连杯、木质包装、稻草包装、纸袋包装。

②**按大豆状态分类**

按大豆的状态可分为大粒纳豆、小粒纳豆、极（超）小粒纳豆、碎纳豆。

③**按大豆种类分类**

按大豆种类可分为普通大豆纳豆、日本产大豆纳豆、有机无农药纳豆、黑豆纳豆、茶豆纳豆。

④其他

另外还有：小麦纳豆、梅子纳豆、紫苏纳豆、海带纳豆、萝卜丝纳豆（配有干萝卜丝的纳豆）、干纳豆等。

商品畅销期及季节指数

纳豆呈现"春秋强""夏季弱"的倾向。是一种太热或太冷时销售行情都不好的商品。跟面包的情况有些相似。

流程	说明
购入大豆	●作为原料的大豆，无论是日本产还是进口，都必须为高质量的大豆，进口大豆在国外都在签约地栽培生产
筛选、洗净、浸泡	●筛选后用机器清洗干净，并浸泡在一定温度的水中
蒸煮、纳豆菌接种	●用蒸煮锅蒸，在蒸煮至最佳状态时注入纳豆菌
填充	●将煮好的纳豆按一定的量装袋，附加酱汁、辣子等作料
发酵	●将装好的纳豆放入发酵室发酵
成熟	
包装	●外部包装
上市	●通过冷藏车发货

纳豆的生产工艺及流程

另外，孩子们的春假时行情好，暑假时行情不好。所以需要做一些针对夏季纳豆菜单的计划方案。

关于在早、中、晚三餐中的什么时候吃纳豆这一问题，在早餐方面，尽管受不吃早餐、早餐为面包等饮食习惯的影响，纳豆需求有所减少，但仍要重新发掘纳豆需求。

在午餐方面，随着学校在供给伙食中对纳豆的利用，及各

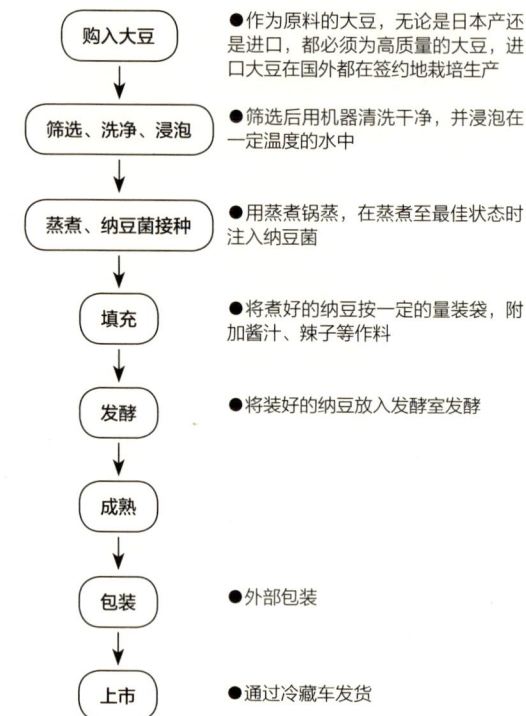

种纳豆料理（纳豆意大利面、纳豆卷、纳豆炒饭）的普及和人气的增加，有望进一步扩大需求量。

在晚餐方面，商业发展空间还很大。

还有一件事情非常重要，那就是已经有研究表明，"血栓一般在夜间生成"。纳豆中所含的纳豆酵素具有溶解血栓的功能，在摄入后 2-8 小时内（因人而异）起作用。

因此，晚餐食用纳豆还可以预防血栓的形成。

腌菜

腌菜是日本人饭桌上必不可少的食品，应注意蔬菜的季节性。

商品特征

把日本超市（SM）和其他国家的超市做比较，就会发现除瓶装的西式咸菜外，只有日本的腌菜及韩国的泡菜种类多、占用空间大。

这说明，腌菜对日本人来说是必不可少的食品。下面简单介绍一些主要腌菜的特征及生产方法。

①美味暴腌咸菜

这种腌菜不是单纯用盐腌制，而是将蔬菜用盐腌过后，再加入调味汁制作而成的。

②米糠腌菜

米糠腌菜是指将蔬菜放到米糠中腌制而成的一种咸菜。因为蔬菜与米糠都属于生物，所以要保证其味道及质量是件非常困难的事。

目前日本市场上出现了一种在腌好的咸菜里加入米糠的叫作"米糠 mabushi"的商品。

③梅干、腌藠头、腌姜丝、腌蒜、泡菜

最近，能够预防食物中毒、流感等的"抗菌食品"成为热门话题。

梅干：梅干具有预防食物中毒及抗菌的功能，一直以来都是便当中常见的食品。据说其所含的"梅肉精华"有阻止伤寒菌、葡萄球菌、病原性大肠菌产生的作用。是夏季销量较好的食品。

腌藠头：藠头有抗菌及退热的作用。以前从进入梅雨期后至夏季较常见，现在常年都有。

腌姜丝：姜在中医药方中很常见。有驱寒暖身、止咳、抑制关节痛等功效。

腌蒜：大蒜的壮阳功效被众人所熟知，除此之外大蒜还有很强的杀菌作用。

泡菜：泡菜有"日式泡菜""白菜泡菜""沙拉泡菜"等名称，在日本盒装的切片泡菜是主流。略带酸味的韩国泡菜（瓶装）除即食外，还可以用于做"泡菜炒猪肉""泡菜火锅"等料理。辣椒有暖身、增进食欲的效果，这些泡菜有预防食物中毒及感冒等功效。

其他腌菜：作为抗菌腌菜，还有芥末腌菜、辣椒腌菜等。

时蔬及季节指数

经常会听到人们说"时蔬在泡菜卖场中已经消失了"。因为大棚蔬菜、进口蔬菜等的出现，人们已经不知道所谓的时蔬是什么了。所以，向顾客强调日本原产、产季及产地很重要。

①萝卜

萝卜在日本的主要产地有北海道、千叶、爱知、宫崎、鹿儿岛等。日本主产青萝卜，夏季略带辣味、晚秋略甜。腌菜、腌甜萝卜的时节为10月至翌年3月。

②白菜

白菜在日本的主要产地有茨城、长野、北海道、爱知、福岛、群马。品种主要为"理想白菜""新理想白菜"。这种白菜叶软、呈淡黄色。因其含糖分较高，所以很好吃。但因其叶子太软，不太适合做火锅。这种理想系白菜的产季为10月至翌年3月。

③黄瓜

黄瓜在日本的主要产地为福岛、群马、埼玉、茨城、千叶。日本是世界上黄瓜栽培技术最先进的国家，一年中的价格较稳定。产季为从大棚栽培转到露天栽培的5-8月。

④梅子

梅子在日本的主要产地为和歌山、神奈川、山梨、长野、九州。产量最大的时期为6月中旬至下旬。梅干上市的时间在次年2月份。因梅干礼盒的需求量较大，所以销售的最旺期在中元节的7月和年末的12月。

⑤卷心菜

卷心菜在日本的主要产地有冬春较暖和的爱知、千叶，夏秋较凉爽的群马、长野等地。秋天播种，2-5月收获的被称为"春季卷心菜"；春天播种，6-9月收获的被称为"夏季卷心菜"；夏季播种，10-1月收获的被称为"冬季卷心菜"。

寒冷季节的卷心菜含糖量较高，所以最合适做卷心菜腌菜的季节为2-5月。

⑥信州菜

11-12月产自于日本长野的信州菜最好吃。霜降时节，信州菜的叶、茎变成紫色后开始变甜，既软又好吃。

偶尔混有"紫色"的腌信州菜会被顾客误解为"变色"，从而引起投诉，所以要尽量事先充分说明这种情况。

⑦茄子

茄子在日本的主要产地有高知、茨城、埼玉、群马等地。主产地（速成栽培）为高知，3月下旬迎来旺季。露天栽培的时期为6-9月。

⑧京菜（水菜）

日本京都地方多为水田栽培，所以又称为水菜。9-10月份播种，次年2-3月份收获，产季为2-3月份。

产品质量的注意点

①腌菜

a. 水是否混浊？

b. 材料是否有变色现象？

c. 味道有无变酸或变苦?

d. 包装袋有无破损或膨胀?

②碎腌菜及其他

a. 包装袋有无破损或膨胀?

b. 是否有明显的变色或褪色?

c. 梅干、藠头等有无破损?

d. 包装袋里是否散发出臭味?

e. 包装袋是否发黏?

生面

生面是经济性的主食，因其种类丰富而受顾客们欢迎。

商品特征

面条与米、面包一样，对日本人来说是非常重要的主食之一。正因为如此，从原材料到经过简单烹饪即可食用的加工食品，市面上面条的种类繁多。

面条受欢迎的特点如下：

①单价便宜、非常经济实惠

煮乌冬面、煮荞麦面、中华面的价格每份为 28–60 日元，拉面为 100–150 日元，炒面为 28–60 日元，再加上作料、酱汁后一顿饭的价格也只在 150 日元左右，非常经济实惠。这应该是面条受欢迎的一个重要原因。

②营养均衡、健康

面条的原料为小麦、大麦、荞麦等，其中又添加了盐、碱水、水、植物油、淀粉、鸡蛋等配料，所以营养成分均衡。

③随着技术的进步，已经可以生产出高质美味的产品

如具有代表性的冷冻面、长干面等，消费者可以在自己家中吃到刚做好的美味面条。而且越来越多的家庭选择在自家的冰箱里储存面条产品。

④烹调面的普及及扩大

随着便利商店的冷面、意大利面等即食烹调面的普及，面条的市场瞬间得以扩大。

商品的生产方法

①生面的生产（生乌冬面）

将盐、水加入专门用于制作乌冬面的面粉中，混合、压延，制成带状面后，用面条切割机切成细长的面条。

生乌冬面与干面条不同，保存性不太好，所以会在面中加入一些丙二醇、乙醇等食品添加剂。

②熟面的生产（熟乌冬面）

其在煮熟前的生产流程与生面完全相同。只是，在煮的过程中，为使其在煮熟后面的表面不粗糙，有时会用加入柠檬酸等酸性物质的热水来煮。大多数情况下是将 PH 值在 5-6 左右的弱酸性有机酸作为加工助剂。

煮熟后会再用含有有机酸的冷水冰镇，这样酸味会转移到面条中，所以要在商品上标识出"PH 值调整剂""酸化剂"等食品添加剂。

※ 加工助剂是在加工食品的过程中使用的、不会残留在商品上的东西，所以生产商没有义务将其作为食品添加剂标识出来。

③中华面的生产（拉面）

制作乌冬面时，加入碱水制成的面便是拉面。

所谓碱水，是指将本来在中国的盐山（碳盐）最下层出现的结晶，即以碳酸钠为主要成分的碳盐溶化后形成的一种物质。

和面时加入这种碱水的话，面粉中的蛋白质会发生变化，面可以变得筋道且光滑，面条本身变黄。

天然碱水有一种独特的味道，所以一般在面条中使用的是化学合成的碱添加剂。

磷酸钙：添加味道、收缩性、黄色。

碳酸钠：使面条的表面光滑、添加黄色。

碳酸钙：使面条具有收缩性且颜色变黄。

磷酸钠：与磷酸钙的作用类似。

使用时可两种、三种共同使用。

在了解生产时使用的相关添加剂知识的基础上，对生产方法及其工艺流程方面的知识的学习也是必不可少的。这或许有些难度，但我们应尽量做到：当被顾客问及"这个添加剂是什么？"时能立刻回答出来。

面条的种类

①乌冬面

乌冬面分生乌冬面与熟乌冬面。生乌冬面是一种在家里自己煮的面，现煮的话吃起来比较好吃，但因为要相应地花费时间，所以同干面条一样，销量没有大幅度的增加。

熟乌冬面的种类比较多，有保质期较短的一餐型，有保质期为 2 周左右的半长期型，也有 1 个月以上的长期型，还有冷冻面等。

包装乌冬面指的是保质期较长的面。

```
┌──────┐
│ 原料 │  （炒面、熟乌冬面、拉面）
└──────┘
    ↓
┌──────┐   ●将盐、调味料溶于水后，与面粉混合，揉
│ 和面 │     面，制成面团
└──────┘
    ↓
┌────────────┐  ●将和好的面团揉成圆柱状后，擀成规
│ 压延、切割 │    定厚度的面皮，并切成规定的宽度
└────────────┘
    ↓
┌──────┐  ●用 100℃   ┌──────┐   ┌────────────┐
│  蒸  │    的蒸汽蒸   │  煮  │   │ 做成波浪状 │
└──────┘              └──────┘   └────────────┘
    ↓              ●用沸腾的   ●做出拉面特有的
                     水煮         波浪状
┌────────────┐                        ↓
│ 按尺寸切割 │  ●将面松解开后切   ┌────────┐
└────────────┘    成 1 餐份大小   │ 撒淀粉 │
    ↓                            └────────┘
┌──────┐  ●为了不让面黏在    ●加入少量的色拉
│ 包装 │    一起，适当地撒些   油后包装
└──────┘    淀粉                   ↓
    ↓                     ┌────────────┐
┌──────┐                  │ 按尺寸切割 │
│ 冷却 │                  └────────────┘
└──────┘              ●切成同等长度
    ↓                        ↓
┌────────┐  ●添加酱汁或汤包  ┌──────┐
│ 外包装 │    后装袋          │ 包装 │
└────────┘                   └──────┘
    ↓
┌──────┐  ●装入纸箱
│ 装箱 │
└──────┘
    ↓
┌──────┐
│ 上市 │
└──────┘
```

冷藏面的生产工艺及流程

②拉面

有大酱、酱油、猪排骨等各种

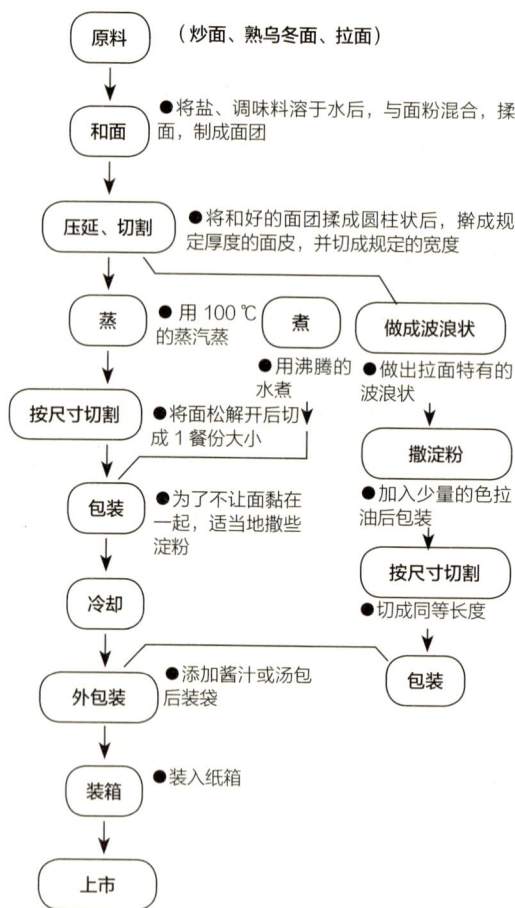

口味。但因不可能将所有口味都凑齐，所以最近市面上出现了将面（1 餐份）与汤汁分开的产品，以供顾客选择。

③炒面

说到炒面，人们往往会想到三餐份装的"蒸炒面"，但其实除此之外还有"片炒面""盖浇炒面""杂烩面""油炸炒面"等。

炒面曾是春夏季的主要食品，现在已经成为常年食用的商品。

④日本荞麦面

日本荞麦面有"生荞麦面"与"熟荞麦面"两种。生荞麦面主要适用于喜欢吃荞麦面，且愿意自己动手做的人群，熟荞麦面主要作为简单快捷的食品受人们欢迎。

⑤意大利面

在日本，目前意大利面的主流为肉酱、那不勒斯肉酱、香辣肉酱等口味的"熟意面"。日本超市里"生意面"还很少见，这应该是今后重点发展的一种食品。

⑥亚洲面

如最受欢迎的"米粉"，用米粉做的亚洲的主要主食"大米面条"。除此之外，还有越南的平打面"越南米线（pho）"等。亚洲面和乌冬面、拉面、炒面等一样，符合日本人的口味，今后其在日本市场上的进一步拓展值得期待。

⑦烹调面

已经烹调好，或只需简单加工即可食用的烹调面主要以便利店为中心进行销售。

在日本超市，"冷乌冬面""冷荞麦面""冷乌冬面＆寿司""冷荞麦面＆天妇罗"等食品作为便当也越来越受欢迎。

日配的烹调面会与副食类的烹调面、烹调面＋米饭的商品重复，所以还需进一步研究出会有更好销路的产品。

⑧面类相关产品（调味汁、配菜配料）

因为顾客的口味、喜好各不相同，汤汁、调味汁及配菜配料是食用面类时必不可少的东西。

为满足顾客的这类需求，就要增加调味汁、配菜配料的种类并加强销售。

如果顾客买的调味汁、配菜配料增加，面类的销售总数及销售额就会增加。

商品畅销期及季节指数

生面（包含熟面）及生意面（包括熟意面）的畅销期，除去每年的最大需求期，即"跨年面条"的销售期 12 月份外，为春天及秋冬季。"新年乌冬面"也能成为一大卖点。

夏季，或许是因为气温太高，热面、日式调味汁的面不大受欢迎。

气温越高，细面越受欢迎；而气温越低，粗面越受欢迎。

相反，中华面，在冬季作为拉面的需求很大，在夏季凉面、炒面等需求很大。

气温越低，乌冬面的销量越好；而气温越高，凉面就越畅销。

质量的注意点

①熟面

a. 是否有发霉、变色的情况出现？

b. 面是否黏着在一起？

c. 包装是否完好？

②包装面

a. 是否有透气孔？

b. 是否有发霉、发臭或变色的情况出现？

c. 包装是否完好？

d. 是否快到保质期？

甜烹海味

甜烹海味是日本最早的保存食品，地域特色产品多、种类丰富。

商品特征及生产方法

甜烹海味大致分为"水产品甜烹海味"（鱼虾类甜烹海味、海带甜烹海味）"畜产品甜烹海味""农作物甜烹海味"。

①甜烹海味的4种制作方法

a.时雨煮：用老抽酱油对蛤仔、蚬贝等贝壳类，及鲣鱼、金枪鱼、牛肉等进行调味后炖煮而成。还可放入姜，以除去材料的味道。日本三重县桑名的"时雨蛤"很有名。

b.甘露煮：将鲫鱼、鲤鱼、香鱼等淡水鱼烤熟、晾干后，加入酱油、砂糖等再用文火炖煮而成。另外，还可用海鱼中的口虎鱼做甘露煮。

c.糖煮（糖炊）：这是一种将一些较小的鱼、银鱼、小香鱼、玉筋鱼等用酱油、糖稀炖煮的方法。"炖玉筋鱼"很有名。

d.酱油煮：将海带、海藻、蜂斗菜等用酱油煮制而成。甜味较少。用蜂斗菜做成的"伽罗蕗"及"海带卷"很有名。

②主要产品的生产方法

海带甜烹海味：将海带切成四方形或长方形等形状，用水清洗数次，除掉沙子。用水浸泡后水煮，变软后再用酱油、砂糖、糖浆等调味料炖煮。还可添加保存剂（山梨酸）、增加色泽及黏度的增稠剂。

贝类甜烹海味（时雨煮）：用锅干炒蛤仔肉、文蛤肉等。炒出来的水分可作为汤汁。加入姜丝、调味料（酱油、砂糖、甜料酒），用中火煮至收汁。

最后再加入甜料酒，出味、添加色泽。

还可用焦糖、增稠剂等增加色泽。

商品畅销季及月指数

①甜烹海味的季节

用于做甜烹海味的鱼及野菜等原材料的季节如下：

口虎鱼（9月－次年2月）、玉筋鱼（北海道、6-7月）、玉筋鱼（濑户内海、3-4月）、公鱼（12月－次年1月）、小香鱼（2-4月）、鳕鱼子（1-2月）、鲣鱼（5-6月）、蛤仔（1-5月）、小沙丁鱼（3-8月）、魁蛤（12月－次年2月）、杜父鱼（12月－次年3月）、花椒（4-6月）、蜂斗菜（3-5月）、

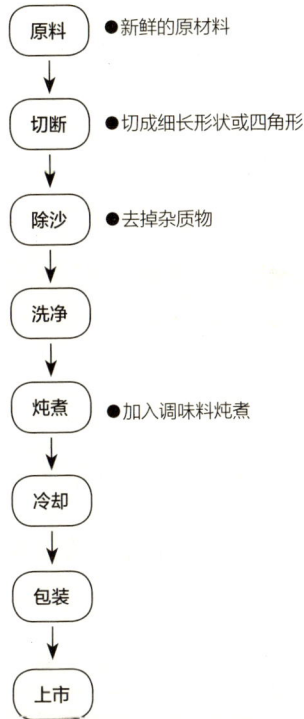

原料	●新鲜的原材料
↓	
切断	●切成细长形状或四角形
↓	
除沙	●去掉杂质物
↓	
洗净	
↓	
炖煮	●加入调味料炖煮
↓	
冷却	
↓	
包装	
↓	
上市	

海带甜烹海味的制作方法及流程

口蘑（9-10月）。

甜烹海味也有季节性，所以要向顾客推荐当季的鱼和当季的野菜等。

海带甜烹海味：海带甜烹海味中，用于作为年底12月的"年节菜"材料的海带卷（粗卷、中卷、小卷）占消费量的20%。

其他畅销期为5月，及夏季没有食欲的时期、食物中毒多发的7月。

鱼类甜烹海味：鱼类甜烹海味的畅销期是春季小鱼、贝类等在3月迎来捕获期时达到高峰。另外一个销量高峰期是与海带甜烹海味相同的7月。

12月，作为"年节菜"的材料，鱼类甜烹海味的需求量会增加。

蔬菜、海藻甜烹海味：蔬菜、海藻甜烹海味的畅销期为春季野菜及海藻上市的5月。6月进入梅雨季后略有减少，7月再次迎来高峰期。秋季，随着口蘑等菌菇类野菜的上市、甜烹海味的需求量再次增加。

商品质量的注意点

①是否有小石头、木片、毛发等异物混入？

②是否变色或有臭味？

③是否有胀袋现象？

④托盘是否有破损？

煮豆

煮豆是健康与简便食品的代表产品，以丰富的种类吸引顾客。

商品特征及生产方法

①黄大豆（大豆美味煮、什锦豆等）

绝大多数为进口大豆。日本产黄大豆中，北海道的鹤子大豆、宫城县的白目大豆较有名。其用途多样，可做豆腐、纳豆、煮豆等。

②黑大豆（黑豆）

新年的年节菜中一定会出现煮黑豆。其油分含量少，蛋白质丰富。煮完后的汁对嗓子很好。日本京都府丹波产的黑豆较有名，但主要产地在日本北海道、东北地区。

③青大豆

皮为绿色的大豆，又叫青田大豆。将青大豆煮熟后制成的称为 "浸豆"。

④金时豆

扁豆的一种。日本国内主要的品种有北海道的大正金时、红金时、吊金时、前川金时等。

```
┌──────┐
│ 原料  │
└──────┘
   │
   ▼
┌──────┐
│ 精选  │
└──────┘
   │
   ▼
┌──────┐
│ 洗净  │
└──────┘
   │
   ▼
┌──────┐
│水中浸泡│
└──────┘
   │
   ▼
┌──────┐
│ 水煮  │
└──────┘
   │
   ▼
┌──────┐
│ 煮热  │
└──────┘
   │
   ▼
┌──────┐
│ 冷却  │
└──────┘
   │
   ▼
┌──────┐
│ 包装  │
└──────┘
   │
   ▼
┌──────┐
│ 上市  │
└──────┘
```

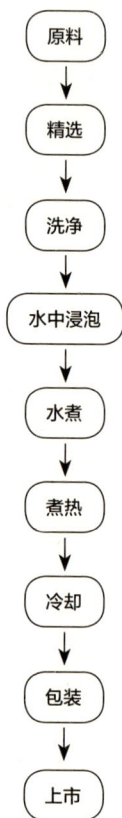

煮豆的制作方法及流程

⑤鹌鹑豆

因其表皮的茶色底色上有红黑色斑点，与鹌鹑的羽毛相似而得名。"金时豆"与"鹌鹑豆"很容易被搞混，这点需注意。

⑥白花豆

白花豆是白扁豆的一种，颗粒大，又称"花豆"，是一种高级的豆子。

⑦虎豆

因其豆身上有像老虎身上的斑点而得名。

⑧豌豆

青豌豆是豌豆尚未成熟时的豆子，被染成绿色后使用。红豌豆可用于做"盐豌豆"及"蜜豆"。

⑨蚕豆

将未成熟的蚕豆煮熟后，可如毛豆般食用。用硬蚕豆做成的"多福豆"很有名。

鱼肉熟食

富含鱼类所含的营养元素，是一种高蛋白、低卡路里的多用途食品。

各类鱼肉熟食的特征及生产方法

鱼肉熟食是一种以磨碎的鱼肉为原料，调味、加热后固定成形的食品。蒸、炸、烤、煮，根据加热方法的不同，可做成"蟹棒""鱼卷""油炸蟹棒""鱼肉山芋饼"等。

①**鱼糕**

蒸鱼糕：将用盐调味过的碎鱼肉放在蒸板上，用90℃的蒸汽蒸制而成。

烤鱼糕：不用蒸汽蒸，而是直接用火烤制而成。

塑料膜鱼糕：将调味后的碎鱼肉放入塑料膜（一次性包装）内，用热水煮熟。

包装鱼糕：将做好的蟹棒装入薄膜内，真空包装后再次加热而成。保存性较好。

工艺鱼糕：在蟹棒上涂上颜色或作画，常用于日式宴席菜及其他喜宴。

②**鱼卷**

其所用的碎鱼肉较便宜。将事先处理过的碎鱼肉涂到铁棒

原料	●原料多使用冷冻的与肉沫
↓	
成型	●在鱼糕板上用双色板成型机使之成型
↓	
稳定	●低温,使之凝固
↓	
加热	●通过高温加热,使之完全凝固
↓	
包装	●防止加热工程中已杀菌消毒后的鱼糕发生二次污染
↓	
冷却	●冷却至中心温度为10℃以下
↓	
上市	

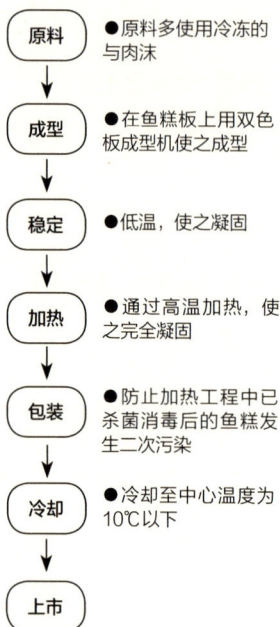

鱼糕的制作方法及流程

上后烤制而成。生鱼卷、冷冻鱼卷、小型丰桥鱼卷、四国鱼卷、出云野烧鱼卷、大豆鱼卷、西九州的大鱼卷、小田原的竹夹鱼卷等很有名。

③炸鱼肉饼

将磨碎后的鱼肉调味，做成一定的形状后，油炸而成。日本关东地区称之为"萨摩炸"、关西地区称之为"天妇罗"、鹿儿岛地区称之为"付炸"。

有卷入蔬菜（牛蒡、胡萝卜）的"蔬菜卷"，卷入乌贼、乌贼爪的"乌贼卷"，还有"蔬菜天妇罗"、炸小丸子等。

④蟹味鱼糕

在碎鱼肉中加入蟹肉提取物，做成蟹子口味。有棒状、斜切块、小切块、薄片、沙拉用等种类。

鱼肉山芋饼：在碎鱼肉中加入山芋后，快速用盐搓、让空气进入后加热制成。

鸣门卷：在碎鱼肉中加入食用红色素，然后蒸成像鸣门旋涡的形状。

鱼肉丸：使用沙丁鱼、小青花鱼等，用手搓捏成丸子状后煮熟而成。

筋鱼糕：用含有软骨的鲨鱼等鱼肉做成的棒状鱼糕。

鱼肉香肠：将调味后的鱼肉装入塑料膜，并用铝箔纸将两端扎紧后加热制成。

商品质量的注意点

①食品是否黏黏糊糊？

②是否发霉、异臭、变色、褪色等？

③鱼卷中的孔是否发黏？

④商品是否有弹力？

⑤托盘、包装袋是否有破损？

鸡蛋

用途广泛，是饮食生活中的必需品，必须彻底贯彻对其卫生、新鲜度的管理。

商品特征

① 白皮蛋与红皮蛋的区别

鸡蛋壳有白色与红色之分。如名古屋鸡等亚洲系的鸡多产红皮蛋，大白鸡等欧洲品种的鸡多产白皮蛋。

② 黄色蛋黄与橙色蛋黄的区别

决定蛋黄颜色的是一种叫作胡萝卜素的天然色素。蛋黄颜色根据鸡所食饲料的不同而发生变化。

③ 受精卵与非受精卵

虽说是受精卵，但并非是 100% 能受精。一般 10 个鸡蛋中会掺杂 1 ~ 2 个非受精卵。

④ 特殊鸡蛋（有机鸡蛋等）

在饲料中添加一些油溶性的营养成分，如一些添加了碘、维他命 A、维他命 E、DHA、α - 亚油酸、胡萝卜素等营养成分的营养强化蛋。

⑤ 维他命 E 强化鸡蛋（维他命 E）

配合饲料中添加了维他命 E。有抗氧化、防止贫血的作用。

⑥ **碱性鸡蛋（纯鸡蛋）**

因在饲料中添加了从土壤、树木中提取的精华，而具有碱性的一种鸡蛋。有降低体内胆固醇的功效。

⑦ **亚麻碘鸡蛋**

鸡在食用了添加有亚麻酸及碘的饲料后产出的鸡蛋。

⑧ **阳光清新鸡蛋**

鸡在食用了添加有黄玉米、维他命、矿物质、鱼粉等饲料后产出的蛋。

⑨ **天然鸡蛋、散养鸡蛋、家产鸡蛋**

在宽敞的地方自然放养的鸡产出的鸡蛋。不使用任何抗生素。

⑩ **鹌鹑蛋**

虽然小，但其所含的维他命 A 是普通鸡蛋的 2 倍，还富含各种矿物质。

⑪ **溏心蛋（加工鸡蛋）**

在 65℃ ~ 68℃ 的水中加热 25 ~ 30 分钟后制成的半熟蛋。

⑫ **熏制蛋（加工鸡蛋）**

将生鸡蛋煮熟后用调味汁腌制、熏制而成的鸡蛋。

⑬ **皮蛋（加工鸡蛋）**

多用于中华料理。

将鸭蛋用加入碳酸钠、石灰等的草木灰包起来，放置数月后制成的一种蛋。

商品卫生管理

每年都会发生几次由鸡蛋引起的食物中毒事件。

买方也应同卖方一起共同努力防止食物中毒事件的发生。比如鸡蛋中的沙门菌就会引起污染。关于在购买、食用鸡蛋时的一些注意事项请参见下表。

关于鸡蛋的几点注意事项

①**购买鸡蛋**
一定要购买干净、无裂缝的新鲜鸡蛋。
标有生产日期、包装日期、保质期等的鸡蛋，一定要在确认日期后购买。
②**家中储存**
一定要将购买回来的鸡蛋放入冰箱。
标有保质期的鸡蛋一定要在保质期内食用。
鸡蛋的储存温度大约为 10℃以下。
③**使用后的处理**
盛鸡蛋、蛋清、蛋黄、蛋壳的器具，在使用完毕后要清洗干净。用热水烫一下的话更好。
打开鸡蛋后要尽快烹调。绝不能在打开后一直放置。因为鸡蛋在打开后，容易滋生细菌。
④**烹调**
煮鸡蛋要在沸水中煮 5 分钟以上。
充分加热后，烹调时的大概标准为，加热至蛋清、蛋黄都变硬。
⑤**食用**
在做鸡蛋盖浇米饭、日式牛肉火锅、纳豆等，需生吃鸡蛋时，一定要在即将食用时再打开，一定不能使用蛋壳有破损或裂缝的鸡蛋。
热食料理需保持其热度，凉食料理需保持其冷度。一般标准是热食料理为 65℃以上，速冻食品料理为 10℃以下。
⑥**剩余食品**
剩余的鸡蛋料理，过了一段时间的话一定要扔掉，不要怕浪费。

以上内容出自《日本厚生劳动省通知》。

商品畅销期

如今饲养方法发达，鸡蛋在一年中的产出量相对较稳定。但随着年底制作蛋糕、蒸鸡蛋羹等需求的增加，鸡蛋的价格会相应地上升。

夏季家庭中的鸡蛋需求量会相对减少，这时鸡蛋的价格会相对便宜些。根据行情的不同，店里鸡蛋的销量也会有很大变化，所以要时刻注意价格的变动。

冷冻食品

改变政策增加利润，正确把握需求状况。

商品特征及生产方法

食品卫生法中规定的冷冻食品

冷冻食品是指将生产或加工后的食品（肉类生产品、鱼肉熟食，煮章鱼除外），以及切块后的鱼虾类食品冷冻，并装入包装容器中的食品。

"冷冻品"指的是冷冻后的所有食品。

而"冷冻食品"指的是在这些"冷冻品"中符合食品卫生法规定的储存及规格标准的食品。

日本农林规格（JAS）的标准

● 维持冷冻、解冻、烹调后的品质标准。

● 食品温度为 –18℃（非保湿温度）。

● 无异物混入。

● 需标示出内容量。

● 适合的包装容器。

更详细说明的话，即：

① 食品提前处理过：如果是鱼，则应已经去掉了内脏、鱼头、鱼骨等不可食用的部分。

② 需急速冷冻：缓慢冷冻会影响到解冻时的质量。

③ 包装结实：为防止质量恶化、干燥、污染等，要使用耐水性较强的包装纸、铝箔纸、塑料袋包装。

④ 要在 –18℃以下保存：无论是保存管理时、流通时，还是店铺内保存时，食品的温度必须保持在 –18℃以下。

※　遵守储存温度界限（road line）

温度界限，指的是在冷藏柜或冷冻柜中，规定的保存温度与外面大气温度之间的界限。

高于这一界限温度的话，冷冻食品就会融化变质。冷冻柜上都标有这一界限，所以在摆放商品时要做到不高于这一界限。

冷冻食品的一般制作方法及工艺

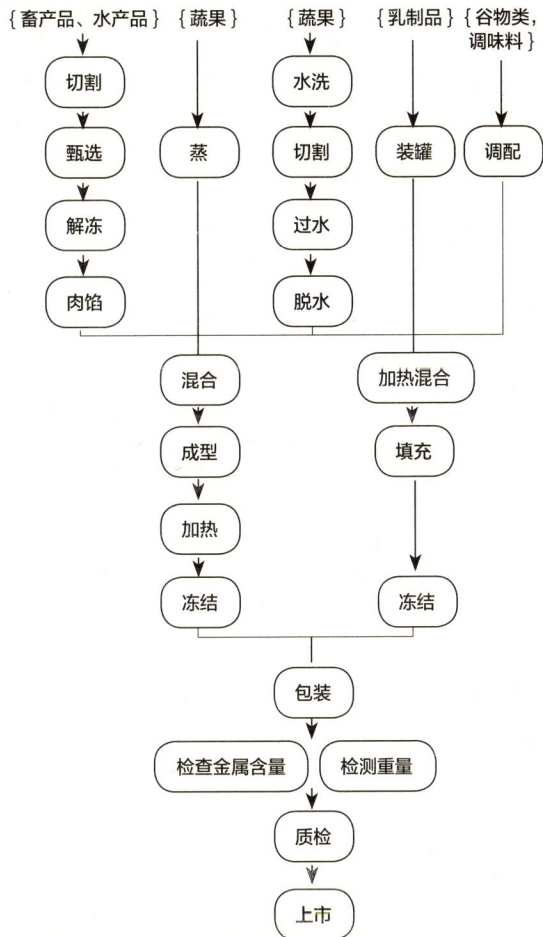

{畜产品、水产品}　{蔬果}　　{蔬果}　　{乳制品}　{谷物类，调味料}

切割 → 甄选 → 解冻 → 肉馅

蒸

水洗 → 切割 → 过水 → 脱水

装罐

调配

混合 → 成型 → 加热 → 冻结

加热混合 → 填充 → 冻结

包装

检查金属含量　　检测重量

质检

上市

季节指数

冷冻食品是夏冬季较弱，春秋季较强的一种食品。

另外，小朋友新学期开始的 4 月及 9 月，以便当材料为中心的冷冻食品的销售额也会急速增加。

要注意，不要在销售额急速增加时期出现畅销商品断货的情况。相反，销售额开始下降的 7 月及 12 月，要注意不要有过多的库存。

各国食品

民族料理，要在未开拓菜单中寻找商机。

各国食品是日配部门的一个新领域，按照国别分类。

中华料理

① 中华料理的配料

配有糖醋里脊、八宝菜、干烧虾仁、青椒肉丝等的简便商品。

② 点心类

饺子、烧麦、包子等。

煎饺：这里指的是一种日式饺子，在日本是最受欢迎的食品之一。将饺子摆好后加少量水煎制。

水饺：用热水煮熟，去水后盛入容器中。

汤饺：用高汤煮的饺子。

蒸饺：用蒸笼蒸出来的皮薄且软的一种饺子。

炸饺：油炸的饺子，其特点是皮脆。

韩国料理

冷面、泡菜火锅汤汁、石锅拌饭配菜等颇具人气。

民族料理

酸辣虾汤、泰式炒饭、泰式炒面、泰式拉面、泰式咖喱、印度料理的馕等符合日本人口味的商品。

商品畅销期及季节指数

饺子、烧麦从3月开始畅销，在从初夏开始的整个夏季进入低迷状态，秋天至初冬又开始出现好转，平均销量较好，寒冬时节的1月、2月又出现低迷倾向。因饺子、烧麦等点心类食品属于特别敏感的商品，所以在气温较高的夏季要特别留意商品的新鲜度管理及质量管理。

商品质量的注意点

① 是否有发黏、发霉、异臭情况的出现？

② 包装箱、托盘是否变形或破损？

牛奶（加工奶、牛奶饮料等）

留意销售季节指数，因其为高周转商品，需注意断货。

商品畅销期及季节指数

牛奶属于超市日配商品中的"八白"之一，其消费金额仅次于面包类。

从早餐就可以看出，牛奶、面包、鸡蛋对于日本人来说是必不可少的食品。

各大超市通常也将这三种食品作为低价特卖品，或 EDLP（every day low price）商品来吸引顾客。

处于销售旺季时，出现一点订单错误，也不至于造成太多的库存积压，但如果是在销售淡季时出现下单错误，就会造成一定损失。

另外，下单订货时还要注意不要在销售旺季时错失良机。

如果下单时以来店消费的顾客数量及销售额为衡量标准，统计出以多少钱的价格卖了多少，

牛奶的制作流程

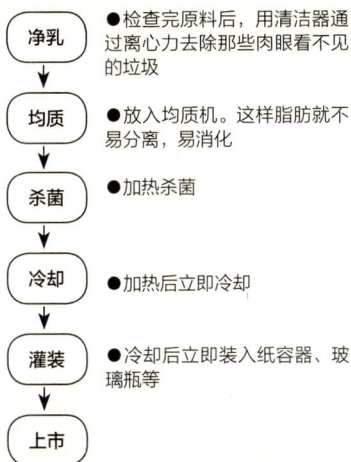

净乳	●检查完原料后，用清洁器通过离心力去除那些肉眼看不见的垃圾
均质	●放入均质机。这样脂肪就不易分离，易消化
杀菌	●加热杀菌
冷却	●加热后立即冷却
灌装	●冷却后立即装入纸容器、玻璃瓶等
上市	

并将这些统计数据记录下来的话，会非常方便。

建议大家以"来店顾客每 1000 人，冬天的销售量为 250 盒，夏天为 300 盒左右（均为牛奶）的标准"作为参考，与自己店的销售情况做比较。

顾客购买牛奶的年平均频率为每周 2 盒，这在超市中属于周转率非常高的一种商品。

希望大家能随时注意检查卖场的销售情况。

牛奶的杀菌方法(依据食品卫生法制作而成)

低温保持杀菌（LTLT 法）
以 63℃ -65℃的温度持续加热 30 分钟的杀菌方法

高温长时间杀菌（HTLT 法）
以 75℃以上的温度加热 15 分钟以上的杀菌方法

高温短时间杀菌（HTST 法）
以 72℃ -78℃的温度加热 15 秒左右的杀菌方法

超高温瞬间杀菌（UHT 法）
以 120℃ -135℃ 加热 1-3 秒的杀菌方法
以 135℃ -150℃ 加热 1-3 秒的杀菌方法
（LL 牛奶）

商品的注意点

① 容器是否有膨胀现象？

② 包装是否漏液、变形？

③ 配送集装箱是否卫生？

④ 常温放置时，商品温度是否升高？

关于牛奶的知识

国家规定"非脂乳固体含量大于 8.0%，乳脂肪含量大于 3.0%"的才能叫作牛奶。还规定，其所使用的原料只能为"生乳"，不能掺杂水及其他原料等。（食品卫生法 ）

纯牛奶的种类

成分无调整牛奶

生乳中所含成分没有人工调整过的牛奶。根据季节的变化，生乳中所含的成分也会发生变化。冬季所含成分较高（非脂乳固体含量为 8.7% 以上、乳脂肪含量为 4% 以上）。夏季由于牛的饮水量增加，牛奶中的脂肪含量会相应减少。"成分无调整牛奶"标识，并非法律所规定的，而是生产厂家自己加上的标签。

"3.8 牛奶"等

3.8 牛奶是指乳脂肪率为 3.8%，即每 100g 中所含乳脂肪量为 3.8g 的牛奶。

"北海道牛奶""xx 高原牛奶"等

商品名称或说明文中含有产地名称的牛奶，表示它所使用的生乳 100% 为该产地所产。

"泽西牛奶"等

商品名称中含有奶牛品种名称的牛奶表示它所使用的生乳 100% 为该品种奶牛所产。日本的奶牛品种多数为荷兰种奶牛。泽西种的牛奶比荷兰种牛奶浓厚（乳脂肪含量高）。

非均质牛奶

大多数牛奶都经过了将脂球细化的均质化工艺。不经过这道工艺的话，乳脂就会浮到上面，这样一口喝下去，就会给人一种口感浓厚的感觉。

LL（Long Life）牛奶

可以在常温下保存的牛奶。这种牛奶采用超高温瞬间杀菌法杀菌后，无菌灌装至经过杀菌处理的容器中，所以可以常温下保存。

调制牛奶的种类

除去部分乳脂肪或水分等，从生乳中除去一些乳成分后的牛奶。非脂乳固体含量为 8.0% 以上。这是 2002 年以来的新规定。

低脂牛奶

只调整了乳脂肪含量的，乳脂肪含量为 0.5% 以上、1.5% 以下的牛奶。

脱脂牛奶

只调整了乳脂肪含量的，乳脂肪含量不满 0.5% 的牛奶。

成分调整牛奶

调整成分后的牛奶中，"不包括低脂牛奶跟脱脂牛奶"的。

如脱水处理后乳脂含量为 4% 的醇浓牛奶，以及经脱水处理乳脂肪含量提高后再次调整乳脂肪含量至 1.5% 以下的牛奶，或调整乳脂肪含量后仍超过 1.5% 的牛奶等。

这是日本奶类省令修正后新设的种类。

自2008年生乳的生产价格提高以来，这种"成分调整牛奶"（乳脂肪含量为 2% ~ 3%）增多了。

添加奶的种类

加工乳

加工乳是指以生乳为主原料，添加其他乳制品（脱脂粉乳、乳脂、黄油等）后制成的，非脂肪固体含量为 8% 以上的牛奶。有低脂奶、无脂奶、醇浓奶等。不冠以"牛奶"的名称。

因为可以添加脱脂粉乳、黄油等，所以实现了低价格。

添加了乳制品以外的成份的奶称为"乳饮料"。

乳饮料

乳饮料是指以生乳或乳制品为主原料，添加果汁、咖啡、糖等，或维他命、钙等成分以增加其营养性，为迎合消费者喜好而生产的一种牛奶饮料。乳糖分解乳也属于"乳饮料"类。原料中使用了乳制品以外的东西，这是其与"加工乳"的一大不同。

2001 年日本《公平竞争规定》修改以前，无论是"加工乳"还是"乳饮料"，只要含有一定量以上的成分（非脂肪固体含量为 8.0% 以上，乳脂肪含量为 3.0% 以上，生乳为 50% 以上），其商品名称中就可以有"牛奶"字样（如："浓厚牛奶""草莓牛奶""咖啡牛奶"等）。

⑤ 商品是否因气温变化而出现液化现象？

※　参考资料:《食品标识手册》、日本全国食品自治网等。

乳制品

做出正确的需求预测，设法使之与大批销售相区分。

商品特征及生产方法

乳制品大致可以分为：①黄油；②麦淇淋；③加工奶酪；④天然奶酪四大类。

① **黄油**

制作黄油并非一件难事。将牛奶中的脂肪分离为生奶油与脱脂乳，对提取的生奶油进行充分搅拌，便会分离成脂肪块与水分。

把这些脂肪块集在一起炼成的便是黄油。市面上常见的一般为添加了盐的"有盐黄油"，也有些未添加盐的"无盐黄油"。无盐黄油主要用于制作蛋糕及料理等。

② **麦淇淋**

麦淇淋的主要原料为动物油脂（硬化鱼油、牛油、猪油）及植物油脂（椰子油、棕榈油、棉籽油、玉米油、红花油）。最近出现了许多100%纯植物油的产品。根据日本农林规格（JAS）的规定，油分为80%的为麦淇淋，35%-80%的为脂肪涂抹食品（fat spread）。标有"卡路里1/2"，"低脂"的商品一般都属于这种产品。

其他还有如"以奶等为主要原料的食品"的标示。

③ 奶酪

要充分了解加工奶酪与天然奶酪的区别。简单来讲，加热处理过的为加工奶酪，未加热处理过的为天然奶酪。

黄油的加工方法及工艺

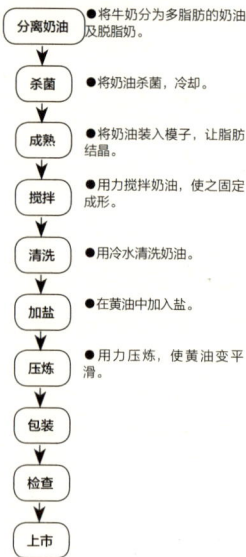

分离奶油 → ●将牛奶分为多脂肪的奶油及脱脂奶。

杀菌 → ●将奶油杀菌，冷却。

成熟 → ●将奶油装入模子，让脂肪结晶。

搅拌 → ●用力搅拌奶油，使之固定成形。

清洗 → ●用冷水清洗奶油。

加盐 → ●在黄油中加入盐。

压炼 → ●用力压炼，使黄油变平滑。

包装

检查

上市

麦淇淋的加工方法及工艺

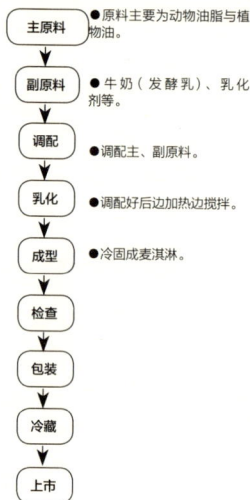

主原料 → ●原料主要为动物油脂与植物油。

副原料 → ●牛奶（发酵乳）、乳化剂等。

调配 → ●调配主、副原料。

乳化 → ●调配好后边加热边搅拌。

成型 → ●冷固成麦淇淋。

检查

包装

冷藏

上市

奶酪的加工方法及工艺

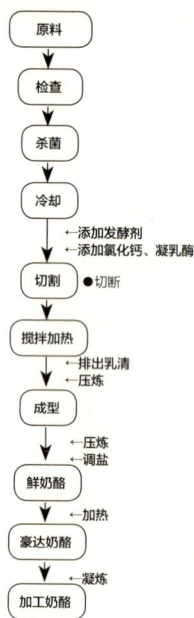

原料

检查

杀菌

冷却

← 添加发酵剂
← 添加氯化钙、凝乳酶

切割 ● 切断

搅拌加热

← 排出乳清
← 压炼

成型

← 压炼
← 调盐

鲜奶酪

← 加热

豪达奶酪

← 凝炼

加工奶酪

时期与季节指数

① 黄油

黄油的畅销期为初春的 2 月、3 月、秋季炖煮料理的 10-11 月、12 月的圣诞节期间。

需要引起注意的是，较 12 月、1 月时消费量会急速下降。

另外，夏季的 7 月、8 月也是黄油的滞销期，要注意改变商品的摆设位置及上架数量。

② 麦淇淋

麦淇淋的销量变化与面包的销量变化成正比。3-5 月，10-12 月为销量高峰期。要注意与面包的促销活动相关联，在 POP 及商品陈列方面多下功夫，增加销售分量。

③ 奶酪

切片奶酪也与面包的行情成正比。另外，糖果奶酪、奶酪棒、婴儿奶酪等，可作为孩子们的零食进行展销。

春季、秋季、冬季比萨，奶汁烤菜等时节，奶酪丝的需求量会增加，年底 12 月，作为红酒等洋酒的下酒菜的卡门培尔奶酪，以及作为奶酪蛋糕材料的奶油奶酪的需求量会增加。

商品的注意点

① 黄油、麦淇淋

a. 外箱是否有油脂渗出？

b. 包装箱是否有破损？

c. 是否有异臭、变色？

d. 食品是否融化或变形？

② 奶酪

a. 是否发霉？

b. 是否有胀袋现象？

c. 天然奶酪的表层是否干燥或无弹力？

d. 是否变形？

天然奶酪的种类及销售时的注意事项

	种类、特征			销售时的注意事项
1	超硬奶酪 成熟所需时间较长，一般为2-3年，多用于奶酪粉等	Parmesan	典型的意大利超硬质奶酪。成熟时间长达一年以上。水分在10%以下的奶酪粉，常被用于意大利面类料理	切口颜色均匀，且切口上没有空隙的被视为优品。切口处像白霉一样的东西为氨基酸的结晶，是成熟的证据。销售这种奶酪时需同时销售切片器、磨碎器
		Sbrinz	瑞士最古老的一种奶酪。成熟时间长达两年以上。不大有奶酪的臭味。常被切成薄片或磨成奶酪粉使用。即使融化也不会拔丝	
2	新鲜奶酪 用乳酸菌、酵素等使蛋白质凝固制成。是一种未熟的软质奶酪	Cream Cheese	用牛奶与奶油制成，不经过加热成熟，因此酸味较重。常用于奶酪蛋糕。主要产国为美国	因其保质期很短，所以要注意保存方法。即使在保质期内也可能出现酸味增强、出水的情况。适宜温度为5℃。储存时间稍长的这种奶酪可用于制作蛋糕、比萨等，但可能有少许气味 奶酪的冻结温度为-3℃左右。夏季销量不好时，这类商品可放入冰箱内
		Cottage Cheese	用脱脂奶或脱脂粉制成。因为低脂食品，在美国非常受欢迎。多用于拼盘、沙拉等。用乳酸菌发酵凝固	
		Mozzarella	跟豆腐有类似的味道及口感，一般都放在水中。保质期较短。用于比萨、沙拉。意大利多产	
3	白霉奶酪 是一种成熟的软质奶酪。表层有白色霉菌，内部随着逐渐成熟而呈奶油状	Camembert	闻名于世的法国奶酪。其表层在白霉的作用下成熟，内部为奶油状。成熟时间约3周左右。密封型可保存6个月	切口变成茶色的、白霉衰退有花斑的、没有弹力的、有氨臭味等的话，即便是在保质期内也最好不要销售
4	半硬奶酪 处于硬质与软质中间的一种奶酪，可在细菌或霉菌作用下成熟。是一种经过加热凝练后所含水分为40%的奶酪	Gauda	与Edam一起为荷兰的代表性奶酪。产量仅次于Cheddar。形状为圆柱形。是加工奶酪的主要原料。符合大众口味	半硬质的奶酪多数为真空包装。要注意检查包装是否失效，中间是否有水滴。切口有光泽、呈淡奶油色的为优品。有气孔的奶酪需保证气孔大小一致 这种类型的奶酪成熟较慢，要注意防止干燥。保存温度为7℃左右
		Maribo	丹麦的半硬质型奶酪。大型，呈圆柱形或四角形。日本也较常见，多用于奶汁烤菜	
		Samsoe	丹麦的大型四角奶酪。内部有小孔。接近硬质奶酪，多切成薄片食用	

续表

	种类、特征			销售时的注意事项
5	硬质奶酪 用乳酸菌发酵剂与凝乳酶使之成熟的一种奶酪，其成熟时间为几个月至一年。所含水分为35%左右	Cheddar	典型的硬质奶酪。美国、英国、澳大利亚较常见。多数作为加工奶酪的原料	有气孔的为 Emmental, Gruyere, Mimolette。没有气孔的为 Cheddar, Edamm 等。气孔大小均一的被视为优品。新鲜的话气孔中会有类似水的东西 市面上卖的一般为成熟后不久的。随着逐渐成熟，会越来越硬，保存方便。销售时需注意要正确了解成熟的程度 保存在温度较高的地方
		Emmental	瑞士的代表性奶酪。其特点为内部有较大气孔。这种奶酪主要用于制作料理，是奶汁烤菜、奶酪火锅必不可少的奶酪	
		Edamm	与 Gauda 一起为荷兰的代表性奶酪。因其为球形，又涂红蜡，所以又被称为赤玉。较轻且成熟的常切成片夹到面包中	
6	蓝纹奶酪 牛奶或羊奶在青霉素作用下成熟的一种奶酪。在日本以沙拉酱等为人们所知	Roquefort	法国洛克福地区的名产。这是一种由羊奶做成的，有着强烈的脂肪分解味道的奶酪。成熟时间为3个月左右	虽被称为蓝奶酪，但表面有白霉或茶色东西，是其成熟的证据。中间部分为淡奶油色。如果中间部分颜色过白，或变为茶褐色，或霉处有许多空洞，这样的商品最好不要销售。蓝奶酪含盐量非常高，有较强的刺激性味道。所以在日本能接受的人较少，不过最近市面上出现了一种味道不太大的产品
		Gorgonzola	意大利具有代表性的蓝奶酪。高脂、低盐，常与生奶油一起用于制作意大利面的酱汁	
7	水洗奶酪 将表面用盐水或酒洗过的奶酪。表层黏稠，有强烈的刺激气味	Munster	传说最早是在法国芒斯特修道院制作的，是一种历史悠久的奶酪。其特点为成熟过程中用盐水洗。内部味道醇厚，外皮散发着浓浓的香味	这是一种不太被日本人接受的奶酪，所以销售时要注意把握每种奶酪的特点。过度成熟的奶酪会有苦味，或氨臭味。因其表面有强烈的刺激性味道，所以建议食用时去掉表层
		Pontl' Eveque	水洗奶酪中具有代表性的法国奶酪。呈四角形，表面带有黄褐色或红色	
8	山羊奶酪 以山羊奶为原料制成的奶酪。形状多样，有金字塔形、圆柱形、一口形等	Pyramid	用法国山羊奶做成的金字塔形的软质奶酪。有白色和木炭色两种	其历史比用牛奶制成的奶酪悠久。产品同白霉奶酪、蓝奶酪一样为软质型。是一种未来有可能有更大市场的奶酪。形态多样，多为小型
		SantoMaure	呈细长的圆柱形。这种奶酪也有白色和木炭色两种。有山羊奶独特的味道	

冷藏饮料

充分考量消费季和季节因素，灵活宣传、陈列。

冷藏饮料指的是生产→流通→销售→保管的整个过程都在0℃ -10℃冷藏状态下保存的加工饮料商品。未经加工的牛奶、加工奶、牛奶饮料、罐装饮料、冷藏啤酒、酒类等不属于这一范畴。

下面就冷藏饮料中的"果汁""混合果汁""果粒果汁""蔬果混合果汁""果肉饮料"等分别进行详细说明。

商品特征及生产方法

在日本，以前果汁饮料的规格分为"天然果汁""果汁饮料""果肉饮料""果粒果实饮料"，随着"果汁混合""蔬果混合"商品的不断推出，2000年8月更改为新的规格分类。

① 果汁

大型生产厂家及 PB 商品中，橙汁跟苹果汁是主打产品。果肉果汁的生产方法大致分为两种。两种都属于 100% 纯果汁。

a. 浓缩还原果汁

以浓缩的方法先将果汁冻结，使之分解成汁液与水。然后再次加入水，便可制成浓缩还原果汁。

b. 纯榨果汁

水果经榨取后直接进行包装的果汁。

② **混合果汁**

100% 纯混合果汁（橙子、苹果、菠萝、香蕉、柚橙、柚子等的混合），这类果汁也分浓缩还原和纯榨两种。

③ **果肉果汁**

含有果肉的 100% 纯果汁。

④ **蔬果混合汁**

蔬菜的 100% 榨取汁称 100% 纯蔬菜汁，100% 蔬菜汁与100% 果汁混合的便称为"蔬果混合汁"。

⑤ **果汁饮料**

使用 100% 纯蔬菜或水果制成的称为"果汁"，非 100% 的便称为"果汁饮料"。

所以，不会有"含 20% 果汁的橙汁"的标示。

⑥ **清凉饮料水**

果汁含量不满 10% 的，酒精类、奶类、乳制品类以外的饮料。运动饮料便属于这个范畴。

⑦ **咖啡饮料、绿茶饮料、茶**

含量为 100% 的称为咖啡、红茶、绿茶、茶。除此之外的称为咖啡饮料、红茶饮料等。

最近杯装饮料颇具人气。另外由于茶的功效被人们重新重视起来，所以对健康有益的茶非常畅销。

⑧ 醋饮料

"黑醋""大麦醋""玄米醋"等醋饮料。作为健康饮料，其市场需求量逐渐得以扩大。

⑨ 乳酸菌饮料、乳制品乳酸菌饮料

非脂乳固体含量 3% 以上的称为"乳制品乳酸菌饮料"，其代表性的产品为"养乐多"。含量不满 3% 的酸味型、苹果味型等产品称为"乳酸菌饮料"。主要商品为 65ml 的 5 瓶装或 10 瓶装等。

⑩ 发酵乳、饮用酸奶

饮用酸奶有 100ml 装、125ml 装、500ml 装、600ml 装、1L 装等，根据各季节消费需求的不同，分多种不同含量、口味。多数情况下这类商品与酸奶摆在同一区域。

以生乳或乳制品为原料，用乳酸菌或酵母发酵后呈液体状态。

商品的畅销期

季节指数

冬季与夏季的果汁、乳酸菌饮料销量有 2 倍之差。在酷暑的夏季销量更大。

炎热时，补充水分、维他命、卡路里等非常重要。

要通过 POP 进行大力宣传。夏季畅销时可以扩大此类产品的陈列区域，或灵活使用平面冷藏柜增加分量以吸引消费者的

目光。

商品的注意点

① 包装盒是否膨胀？

② 是否有液体漏出，或包装箱破损？

③ 是否常温放置？是否因液化现象致使包装盒上有水珠？

冷藏甜点

宣传其功能性、营养性，追求时效。

商品特征及生产方法

Chilled（冷藏）的意思为冷却。甜点指的是饭后食用的水果、甜品（布丁、果冻、酸奶、日式/西式点心、冰淇淋）等。

Chilled 本来的意思是指"临近冻结之前的温度"，所以不同于"冷藏"一词，但现在已演变为在 0℃ –10℃下生产、运输、销售、保存的意思。

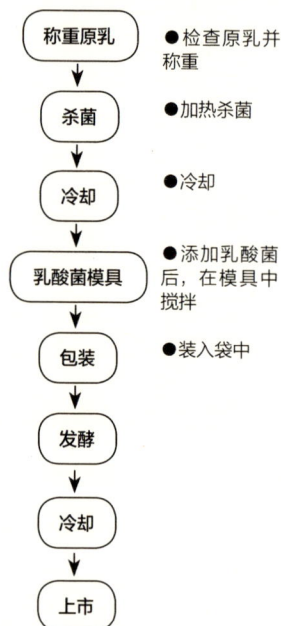

冷藏甜点大致分为 5 类：①酸奶（发酵乳）；②其他甜点；③西式甜点；④东方式甜点；⑤日式甜点等。

① 酸奶

日本省令规定酸奶的成分为"非脂乳固体含量 8.0% 以上，乳酸菌或酵母数量为 1000 万 /ml 以上"。种类有：饮用酸奶、固体酸奶（通常为 2 连杯装、3 连杯装、4 连杯装）、原味酸奶（无糖）、软质酸奶（水果酸奶等）、开菲尔酸奶（使用了高加索地区的开菲尔菌种的乳

酸奶的生产方法及工艺

称重原乳	●检查原乳并称重
杀菌	●加热杀菌
冷却	●冷却
乳酸菌模具	●添加乳酸菌后，在模具中搅拌
包装	●装入袋中
发酵	
冷却	
上市	

酸饮料)。

出于健康考虑，人们对酸奶的兴趣越来越大。于是，市面上出现了很多宣传酸奶的健康功效及乳酸菌特点的"功能性酸奶"。

现在许多日本的大型商店开始按照这些分类摆放酸奶。酸奶是冷藏甜点卖场的核心商品，不能只依靠降价等价格策略，而应该通过诉诸健康提高销售额。

② **其他冷藏甜点**

a. 布丁

布丁的种类有，大杯布丁、2P、3P、4P 等，其中以大杯装、3P 为主。

布丁分为乳蛋布丁和牛奶布丁两种，乳蛋布丁是用烤箱烤出来的，牛奶布丁是用动物明胶或洋粉固化而成的。

b. 果冻

主要为大杯装（内含果肉），销售期较集中，一般 1 杯单价在 100 日元以下。可以向顾客推销 3P 装、家庭装、纯果冻（100% 纯果汁果肉）、软质果冻等。

c. 西式点心

代表性西点有泡芙、松饼、蛋糕、新鲜甜点（用生奶油做的布丁等）、奶酪蛋糕、华夫饼等。

d. 东方式点心

椰奶、杏仁豆腐、西米露、芒果布丁等。芒果布丁越来受到人们欢迎。

e.日式甜点

蜜豆、豆沙水果凉粉、小豆粥、水羊羹等日式甜点，一般没有固定的陈列货架，以用三角推车等进行销售为主。冷藏日式甜点的陈列货架尚未确立。

商品畅销期及季节指数

① 酸奶

除寒冷的 11 月 – 翌年 2 月外，春季至秋季的酸奶行情都比较不错。我们还可以借助酸奶的健康效应，建议人们"每天"食用，以此提高冬季的销售额。

② 果冻

果冻在 7 月的销售量最大，约是冬季的 6 倍。

因此在陈列时应注意灵活运用活动三角架等，放置 2 处或 3 处。

③ 布丁

布丁的销量一年中都比较稳定，但因其销售金额较少，所以还需加强每月的店内促销活动及增加上架商品的数量等。

商品的注意点

① 容器是否变形或膨胀？

② 酸奶内部的水乳分离是否严重？

③ 布丁的焦糖是否移动、变形？是否过软？

④ 果冻是否过软或有融化现象？是否有汁液漏出？

日式、西式点心

冬季的豆沙类，夏季的清凉食品等，向人们推销季节性强的商品。

商品特征及生产方法

点心部门的日式／西式点心与日配部门的日式／西式点心之间的不同在于保质期的不同。日配部门点心的保质期通常为1周以内，最长为1个月，而点心部门的点心则多数为6个月或1年。两者之间的供货厂商也不同，点心部门的供货厂商为点心批发商，日配部门的供货厂商则以大型面包生产厂家或当地的糕点生产厂家为中心。

① 日式点心

超市销售的"常温保存"或"冷藏"的商品主要有，糯米丸子、豆沙糯米团、豆沙包、羊羹、水羊羹、芋头羊羹、铜锣烧、樱花糯米团、牡丹糯米团、月饼、金锷饼等，全国各地的这类食品加起来的话，应该会数不过来吧。

② 西式点心

西式点心中，除了需冷藏保存的冷藏甜点，还有常温保存的蛋糕卷、松糕、蜂蜜蛋糕、重油蛋糕、年轮蛋糕等。前者作为冷藏甜点，后者作为西式点心，大多数情况下与日式点心在同一范畴内销售。

日式／西式点心的种类及品种

如前所述，日式点心根据季节、节日的不同，商品的行情也会随着发生改变。

例如，牡丹糯米团一般是在春分（3月）、8月的盂兰盆节、秋分（9月）时需求量较大。

【节日所需的商品】12个月的主推商品及促销（例）

【1月】上生果子（年初访亲探友）、庆祝蛋糕（成人节）

【2月】莺饼、椿饼（昭示春天的到来的商品），巧克力、巧克力慕斯（情人节）

【3月】人偶蛋糕、菱形糯米团（女儿节）、牡丹糯米团（春分）、蛋糕（春假）

【4月】红白糯米团、点心礼盒（新生入学），樱花糯米团、蕨粉糯米团（赏樱花）

【5月】日式粽子、槲叶糕（端午节）、泡芙、松饼（黄金周），庆祝蛋糕（母亲节）

【6月】葛粉糕、豆沙水果凉粉、蜜豆（初夏甜点），庆祝蛋糕（父亲节）

【7月】葛粉糕、果冻、水羊羹、洋粉（暑假）

【8月】当地特色点心、牡丹糯米团（盂兰盆节）

【9月】赏月米粉团、月饼（赏月），牡丹糯米团（秋分），

泡芙、松饼、可丽饼、蛋糕（秋季西式甜点）（运动会）

【10月】栗子羊羹、栗子包、栗子蛋糕、糖渍栗子（栗子节）

【11月】庆祝蛋糕（七五三）、圣诞节蛋糕（预约）、南瓜派、南瓜蛋糕（冬至）

【12月】荞麦包、荞麦点心（新荞麦节）、圣诞节蛋糕、蛋糕材料、德国圣诞面包（圣诞节）、南瓜派、南瓜蛋糕（冬至）

销售期到来后，可以装饰些季节性的花，或手写些纸板信息等吸引顾客的目光。

商品的注意点

① 是否有发霉或变黏现象？

② 食品包装（简单包装）的内部，有无小苍蝇飞入？

③ 是否夹杂其他异物？

④ 糯米团、糯米点心的表层是否变干燥或变硬？

面包

做好销售规划，分白天与晚上两个时段陈列。

商品特征及生产方法

随着超市规模的大型化，在超市内开设面包房成为必然。

一方面，在这一趋势的影响下，普通包装面包在竞争中价格越来越低，所得利润越来越小。

不过，在顾客看来，同时销售店内面包房新出炉的面包，和保存时间相对较长的普通包装面包的超市应该更具魅力。

顾客们可以根据自己的需求来购买当下所需的种类。

① 普通包装面包

其特点是保质期长，即使放置几天也不会变味。

最近市面上有很多高质量的面包，这些面包价格合适，可放心食用。

② 品牌面包

由酒店、餐厅、面包专卖店等的面包师做出来的手工面包。

每个地区都有当地非常有名的面包房。

这些面包都不使用冷冻坯。

③ 使用冷冻坯的面包

使用冷冻坯做出来的面包，刚烤出来时很好吃，但放置稍微久一点的话味道就会变。所以，刚出炉的面包要尽早卖出去。

最好是将白天与晚上两个时间段相结合，制订合理的销售规划。

④ 面包的分类

a. 按原料分类

①小麦面包；②燕麦面包；③小麦、燕麦混合面包；④大米面包；⑤添加玉米粉等的杂粮面包。

b. 按制作方法分类

Lean（简约）面包：法国等国家的面包，是一种用低筋面粉，添加食盐、酵母等烘焙制成的面包。

Rich（丰富）面包：使用高筋面粉，添加砂糖、脂肪、乳制品等烘焙制成的面包。

c. 按形状分类

英国型：顶部呈山形的吐司面包等。

普尔曼型：用有盖子的模具烤成的面包，多数为长方形。较为普遍的为吐司面包。

面包的生产方法及工艺

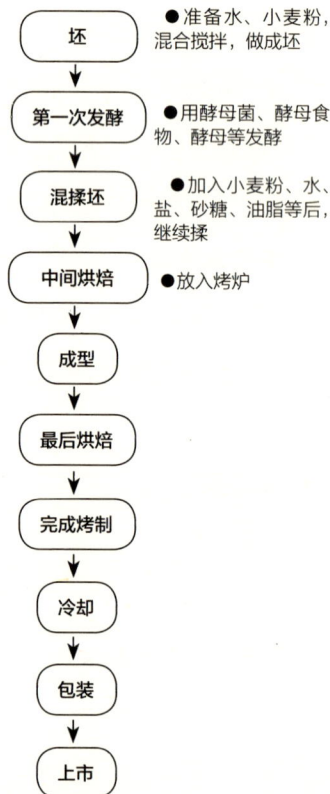

坯	●准备水、小麦粉，混合搅拌，做成坯
第一次发酵	●用酵母菌、酵母食物、酵母等发酵
混揉坯	●加入小麦粉、水、盐、砂糖、油脂等后，继续揉
中间烘焙	●放入烤炉
成型	
最后烘焙	
完成烤制	
冷却	
包装	
上市	

One-loaf 型：长方形的枕头形、missbrot 等。

法式面包：法式圆形长棍面包。

d. 按酵母、谷物以外的原料分类

天然酵母面包：使用了天然酵母的酸味面包（sour bread）。

酒种面包：使用了酒种的酒种豆沙面包等。

点心面包：砂糖使用量 10% 以上的豆沙面包、果酱面包等。

丹麦面包：多油脂的牛角包等。

面包畅销季及季节指数

面包最大的批发销售时期为 3–5 月。为迎接 3 月的批发，2 月需提前做好准备。可以从 3 月开始增设一个展销台。7 月销售额开始下降后再将其撤去。

各国面包

法国的代表性面包	法国面包：只用小麦粉、盐、水、酵母做成的起源于法国的面包的总称。其中"长棍面包（baguette）"及"花式面包（batard）"颇有名。这种面包还被传播到曾为法国殖民地的越南、老挝、柬埔寨等国家及地区，现在这些国家依然采用同样的制作方法烤制法国面包
	牛角包：使用了大量黄油的月牙形法国面包。口感松脆是其最大的特点
意大利的代表性面包	意大利水果蛋糕（panettone）：米兰有名的传统点心面包。各家庭于圣诞前夕烤制，然后分给其他亲戚们食用
	佛卡夏（Focaccia）：意大利的一种扁面包。制作时使用很多的橄榄油、香料。除夹肉、蔬菜、奶酪等三明治的吃法外，还可以作为比萨皮来使用
	意大利面包棒（Grissini）：一种细长条状的略带咸味的面包。口感松脆。可夹生火腿食用，也可与意大利面料理一起食用
	帕尼尼（Panino）：帕尼尼为小型面包的意思。一般在面包中夹入生火腿、奶酪食用。诞生于米兰的一种三明治

英国的代表性面包	司康（scone）：用小麦、大麦、麦片，再加入烘焙粉、牛奶烤制而成。一般情况下还会加入提子干或水果干等。不只在英国，在美国也很受欢迎
	英式马芬（English Muffin）：用酵母发酵制成的一种圆形面包。在英国、美国多作为早餐，同鸡蛋、火腿肠、培根等一起食用
其他欧洲国家的面包	丹麦面包（danish）：呈旋涡状的一种丹麦代表性面包。在日本一般称之为danish pastry（丹麦面包）
	俄式小餐包：俄国、乌克兰、白俄罗斯的代表性面包。在用小麦粉做成的面团中加入各种食材，然后用烤箱烤制或油炸制成
美国的代表性面包	贝果面包（Bagel）：将经过发酵的面粉团，揉成圆形后，放到水里去煮，然后再进行烘烤。外皮烤得越硬脆，里面面包的味道就越浓，质地就越韧
	肉桂卷（Cinnamon roll）：在面包坯中加入酵母粉后，抻擀面皮。然后涂上一层黄油，撒上肉桂粉、砂糖后将之卷起，再切成一人份大小，最后放入烤箱。据说是瑞典人最早发明的
	玉米薄饼（tortilla）：墨西哥、美国的传统薄饼面包，用玉米粉做成。可以在中间夹上其他食材食用。现在，有些用小麦粉做成的也称为玉米薄饼
亚洲的代表性面包	馕：印度、巴基斯坦、中亚、伊朗等国家及地区食用的一种面包。在日本的印度料理店里，经常与咖喱一起食用
	印度面饼（Chapati）：印度、巴基斯坦、中亚等国家地区的主食，由全麦粉做成的非发酵面包
	包子：面团中加入豆沙或炒熟的肉、蔬菜等后蒸制而成。在日本多称之为"中华馒头"
	油条：中式细长形油炸面包。用加入了食盐及碱的小麦粉做成坯子后，放入油锅中炸制而成。可单独食用，也可与粥一起食用
	太阳饼：台湾省中部的台中市特产的一种烤制点心。外皮由小麦粉、砂糖、麦芽糖、猪油、蜂蜜、炼乳等做成，馅为豆沙。口感松脆
	越南三明治：在法国长棍面包里加入黄油、肉末、蔬菜、香菜、火腿片、辣椒等。是越南小摊上常见的一种美食

冰淇淋

通过扩大或缩小陈列区域，进一步提高销售额。

商品特征及生产方法

① 冰淇淋类的相关规定

所谓冰淇淋类是指在奶油中加入生乳、黄油、奶粉、炼乳、砂糖、香料、安定剂、乳化剂后，搅拌、冷却、冻结后制成的乳固体含量在 3% 以上的一种乳制品。

a. 奶油冰淇淋

乳固体含量在 15% 以上，其中乳脂肪含量在 8% 以上、一般细菌数量为 10 万 /g 以下。形态有家庭装、组合装、杯装等。

b. 酸奶冰淇淋

乳固体含量在 10% 以上，其中乳脂肪含量在 3% 以上、一般细菌数量为 5 万 /g 以下。形态有家庭装、组合装、豆馅糯米饼、杯装等。

c. 乳酸冰淇淋

乳固体含量在 3% 以上，一般细菌数为 5 万 /g 以下。形态有豆馅糯米饼、甜筒型、杯装型、冰棒型等。

② 冰点心的相关规定

冰点心是指乳固体含量不满 3% 的，含有果肉、果汁、酒精等的一种食品。属于一般食品而非乳制品。

冰点心

以冰淇淋、刨冰为代表的一种食品。有添加果汁或各种香味的刨冰，及 sherbet（用红酒、香槟等做成的一种冰酒）等。形态有家庭装、杯装及冰棒型等。

③ 冰淇淋的形态

a. 冰棒型

带有木质或塑料棍儿的一人份产品。其价格多在 100 日元以下。

b. 甜筒型

有巧克力味道及各种坚果类味道。其价格也多在 100 日元以下。

c. 杯装型

用纸杯或塑料杯盛的冰淇淋。价格既有 100 日元左右的，也有 200 日元以上的高级品（如 super premium 冰淇淋）。

d. 组合装

拥有最大市场的一种商品。一盒有多个，价格在 200-500 日元之间。偶尔也会有 100 日元左右的。

e. 家庭装

一般是装在塑料盒里的 2L 装，价格多在 500 日元以下。

f. 品脱装（470ml）

·高级冰淇淋：乳脂肪含量为 10%-15%，非脂乳固体含量为 7%-10%，空气含量为 70%-80%。

·超高级冰淇淋：是一种只使用天然原料的超高级冰淇淋。乳化剂为蛋黄，不使用安定剂，空气含量为 10%-30%。

品脱装冰淇淋主要有以上两种，分日本国内产品与进口产品。空气含量比率（增量比率）是以冰淇淋融化后的固体容量会减少

冰淇淋的生产方法及工艺

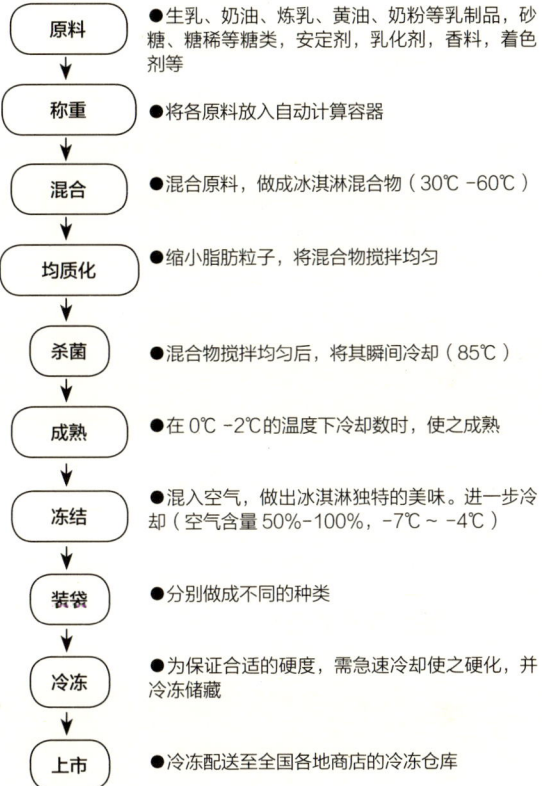

原料	●生乳、奶油、炼乳、黄油、奶粉等乳制品，砂糖、糖稀等糖类，安定剂，乳化剂，香料，着色剂等
称重	●将各原料放入自动计算容器
混合	●混合原料，做成冰淇淋混合物（30℃ -60℃）
均质化	●缩小脂肪粒子，将混合物搅拌均匀
杀菌	●混合物搅拌均匀后，将其瞬间冷却（85℃）
成熟	●在 0℃ -2℃的温度下冷却数时，使之成熟
冻结	●混入空气，做出冰淇淋独特的美味。进一步冷却（空气含量 50%-100%，-7℃ ~ -4℃）
装袋	●分别做成不同的种类
冷冻	●为保证合适的硬度，需急速冷却使之硬化，并冷冻储藏
上市	●冷冻配送至全国各地商店的冷冻仓库

多少为标准的。即除去泡沫后的容量。一般来讲，空气含量越少的冰淇淋越高级。

g. 冷冻蛋糕、夹心型、泡芙型

便利店等还常销售小块蛋糕、夹心饼干冰淇淋、泡芙冰淇淋等不同种类的冰淇淋。

h. 圣代

使用了冷冻水果、水果酱等的冰淇淋。单价较高的一种

商品。

月销售额

8 月的消费量约是 2 月的 4 倍。

但若观察各商品柜台会发现，商品所占空间在夏季跟冬季几乎没有很大的变化。

冬天，商品柜台既没有缩小至四分之一大小，夏天，商品的摆放空间也没有扩大至冬天的 4 倍。

考虑到夏季与冬季商品柜台的效率及在库情况，而且因其与同温度下保存的冷冻食品（冰淇淋 /–24℃、冷冻食品 /–18℃）的关系，需扩大或缩小商品柜台。

商品的注意点

① 融化再次冰冻后，容量是否减少或变形？

② 奶油与水是否分离？

③ 袋子或箱子里是否有冰？

④ 商品的陈列是否考虑到为保证商品质量要保证空气含有量？大多数顾客会任意选择自己想要的商品，冷冻柜容易被弄乱，所以要时刻留意并整理冰柜。

第**3**章

陈列与展示

关于展示的基本知识

商品的陈列

所谓陈列，是指将商品按照部门或功能等进行分类摆放。

掌握促使顾客购买的陈列技术，如摆什么，摆多少，摆在哪里，如何摆等是非常有必要的。以下就商品陈列的原则做详细的介绍。

① 清洁、安全、放心的原则

商品需按照规定的保存温度陈列，以让顾客放心购买；商品需在干净无尘、无蚊蝇的地方销售；陈列器具干净清洁；确保冷藏食品不在常温下陈列销售等原则。

② 方便顾客找到、选择的原则

顾客所需商品的陈列丰富；商品的陈列位置及高度合适、显眼；照明充足以使顾客容易找到商品；商品的型号、价格一目了然；随时整理陈列凌乱的商品等原则。

特别是"一目了然的陈列位置"一般指的是，当站在陈列货架的正面时，宽幅为 120cm（4 尺），纵高为地面以上 65cm-110cm 处。在选定陈列货架时应注意这一点。另外，对某一货区内商品再进行细分时，也要以 120cm（3-4 尺）为单位进行区分。

③ **方便拿取的原则**

所谓方便拿取的货架，指的是站在货架前，无需左右移动、弯腰、伸背便可以拿取商品的货架。

另外，如果陈列工具较深，需本着"流动性较大的商品放在前面，较小的放在里面"的原则陈列。多层货架的话，可将销量好的商品放到容量最大的最下层陈列。还需本着"顾客放回商品时可以放回原位"的原则陈列。

④ **方便购买的原则**

方便购买的陈列，是指顾客不必将商品拿在手上看，用眼睛便可看到商品"价值"及"价格"的陈列。

这样，就需要本着让顾客可以对商品的"样貌"及"价格"一目了然的原则陈列。

将货架板稍微倾斜以做出些倾斜角度的目的便在于此。陈列的基本原则是为了让顾客看到商品。

⑤ **提供详细信息的原则**

陈列商品的同时，还会附加屏幕、POP、价格牌等。如果价格牌与商品陈列位置不一致的话，顾客就不能够放心购买。

另外，还需将卖方所要表达的意思，如"今日推荐""现在正是购买的最佳时机""下酒小菜"等商品陈列展现出来。

⑥ **将销售额、利润额最大化的原则**

区域划分（Zoning），配置计划（Lay-out）、专柜的设置、陈列的好坏等可以使销售额、利润额发生很大变化。所以应努力提高卖场效率、工作效率，以谋取利润的最大化。

扩大卖场并非意味着销售额及利润的提高。过于宽敞的卖场会使得商品显得不够丰富，临近关门时间时货架出现空缺的卖场也容易引起人们的注意。

卖场越大，反而越容易出现营业损失。日配商品每尺的平均营业额标准为日均 3000 日元。

☆ 纵向分配陈列（vertical display）

纵向分配陈列指的是，将商品按照不同种类纵向配置陈列。顾客在卖场中移动时目光总是横向移动的。将商品纵向陈列，可以让顾客停住脚步、看到商品，从而提高购买率。

☆ 横向分配陈列（horizontal display）

另一方面，所谓横向分配陈列，如其字面意思，是指将商品按照横向陈列的一种陈列方法。500ml 饮料的陈列及冷藏柜中的冰淇淋等便是采用这种陈列方法。

另外，不按照纵向陈列的商品（如少量装的小专柜等），或"按照统一尺寸大小陈列""按价格陈列"等陈列商品时采用这种横向陈列的方法。

商品配置（Facing）的原则

商品配置（facing）指的是，决定在陈列架上摆放什么商品、摆放在哪里、怎么摆放、摆放多少等的陈列工作。将这些总结后做成的表称为"配置表"。

通过商品的摆放位置、陈列方法、陈列数量等谋取营业额及利润的最大化。

①销售量大的商品要扩大排面。

②将销售量大的商品陈列在货物陈列架的下层。

③将最想卖的商品陈列在右侧。因为人的视线是由左移动至右，最后停留在右边的。

④陈列时需保证商品及其价格容易被顾客看到。为使商品及其价格一目了然，可适当调整货架板的角度。

⑤陈列时要展现出分量感。适当调整货架板的间隔、角度、镜子等，营造出分量感。

增加陈列数量的益处

①增加陈列数量，可以扩大商品的销售额。

②增加库存，可以减少断货带来的损失。

③可削减陈列费用。增加一次陈列数量可减少陈列所需费用。

酸奶、甜点专柜配置表(例)

饮用酸奶 100ml 6F 128 日元	乳酸菌饮料 100ml 4F 128 日元	功能性酸奶 100ml 4F 128 日元	功能性酸奶 100ml 4F 128 日元	premium 布丁 110g 4F 148 日元	水果果冻 110g 4F 128 日元
饮用酸奶 500ml 4F 298 日元	乳酸菌饮料 水果味 65ml×5 瓶 2F 198 日元	功能性酸奶 100ml 4F 128 日元	功能性酸奶 100ml 4F 128 日元	Jumbo 布丁 170g 4F 135 日元	3 杯装果冻 混合口味 2F 198 日元
饮用酸奶 1000ml 4F 298 日元	乳酸菌饮料 65ml×5 瓶 2F 178 日元	原味酸奶 500ml 4F 248 日元	3 杯装酸奶 100g×3 2F 198 日元	牛奶布丁 100g×3 2F 128 日元	Jumbo 果冻 橙子味 110g 4F 118 日元
饮用酸奶 1000ml 4F 198 日元	乳酸菌饮料 65ml×10 瓶 3F 248 日元	原味酸奶 500ml 4F 198 日元	4 杯装酸奶 (水果味) 50g×4 3F 148 日元	Custard 布丁 75g×3 2F 148 日元	Jumbo 果冻 混合口味 110g 4F 118 日元

陈列的顺序、安排

补货前该做的工作

①清洁（Cleanliness）

早上的工作始于清洁。早上是库存商品最少的时候，这时清扫工作较容易进行。提前准备好水桶、抹布，首先擦拭架子上的污垢。然后用喷雾式的清洁剂，最后用干抹布擦拭。货架板、隔板、POP挂架等地方也要擦拭干净。

②检查温度

大部分日配商品都属于冷藏或者冷冻食品。若保存箱的温度达不到标准的话，就不能作为安全食品来销售。商品上都标有如"10℃以下保存"等字样。

另外，除检查即将陈列商品的保存温度外，还需检查已经陈列在卖场的商品是否因机器故障出现变质等情况。

灵活运用温度管理检查表

温度检查是卖场管理工作中的基本中的基本。如对这一工作懈怠的话，可能会导致如冰淇淋、冷冻食品融化，或腌制食品、乌冬面等包装袋膨胀，出现异味等情况。

另外，虽然有些问题在冬季不容易发现，但到了春季，随着温度的上升，可能会发生突发事件。这点需引起注意。

③标价，调价

以前都是用手写牌来标示商品价格的，现在多用价格打印卡来标示，这样就省去了原来手写价格的工作。但对顾客来说，商品上标有价格会更让人放心。所以商品容易混淆时，最好用手写价格牌标示出商品的价格。

例如，非必需品的商品剩余数量不多，或将打折商品从必需品中分离出来，放到其他地方销售时，可采用手写的方式标注价格。

温度管理检查表

温度管理检查表		保存温度（5℃ -10℃）						
温度检查	日期							
	开店时							
	PM1 点							
	PM5 点							
	关店时							

补货工作及其注意事项

①按照商品配置表陈列商品

根据本公司配发的配置表（陈列指示书），将商品陈列在货架上。

配置表中标有生产厂家、商品名称、规格、数量、价格，可根据各商品范畴的配置表进行商品陈列。

②以纵向陈列为基本原则

商品的配置以纵向陈列相关类似商品为基本原则。如酸奶、饮用酸奶、乳酸菌饮料、布丁、果冻等商品，基本按纵向陈列，以方便顾客找到，为顾客创造一个方便找取、购买的卖场环境。

③价格标牌

对顾客来说，价格标牌是标识商品价格的一个非常重要的东西。

没有价格标牌的话，补货的工作人员就不知道将商品陈列到哪里。所以保证价格标牌的位置与商品位置一致，是非常重要的。

a.标注价格牌

价格牌要放在商品的左侧。还要在价格牌上套上卡套。

卡套上有箭头标志的话，会更方便顾客找到该商品在货架的上方还是下方。

b. 变更价格牌

改变配置时，尽量不要再使用原来的价格牌及卡套，要全部替换成新卡。

但是，当改变配置后要改变少许必需品时，可以只替换该商品的价格牌。

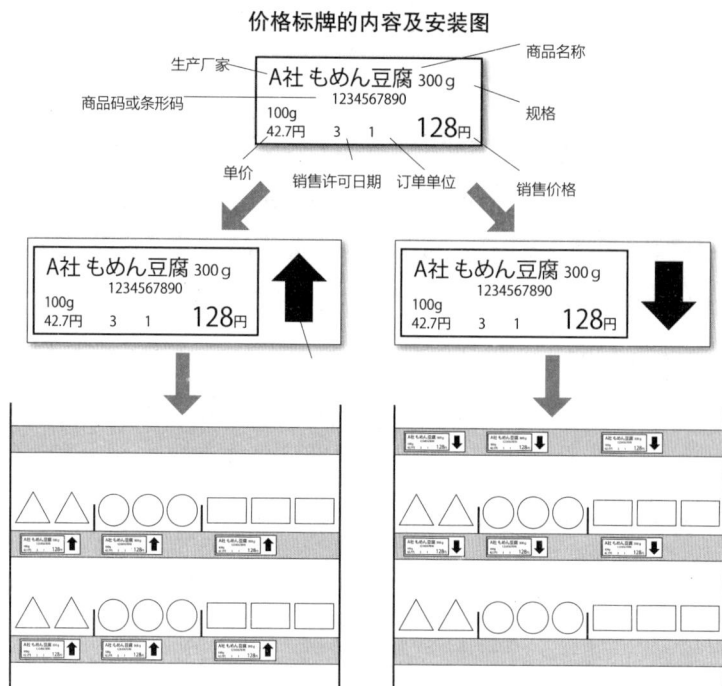

价格标牌的内容及安装图

图示：陈列的类型

（各类别的注意事项）

腌菜

替代物

不锈钢架
（浅腌菜）

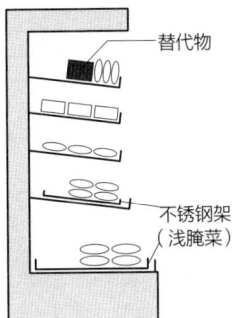

* 腌菜有袋装、杯装、托盘装等不同的包装形式，需根据专柜需求适当更改货架隔板。
* 浅腌菜专柜需使用不锈钢架。货架最上层摆放的多为袋装腌菜，所以需要替代物，但无需使用镜子。
* 托盘装腌菜不要竖直摆放。

纳豆

降低地板

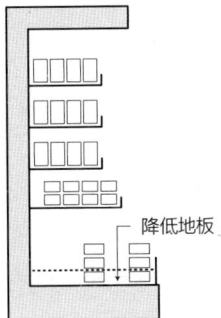

* 纳豆重量轻、体积大，所以货架的角度太大的话，商品可能会掉下来。
* 为使下层能陈列尽量多的商品，将地板置于最下层。
* 因其体积大，所以不使用替代物、镜子。
* 第二层以上的最前列，商品需竖直摆放。

豆腐、魔芋

替代物

不锈钢架

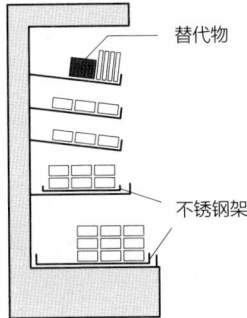

* 豆腐、魔芋的货架的最下层和从下面数第二层不做角度，第三层以上可稍微做些角度。
* 因可能发生漏水现象，所以最下层与倒数第二层要用不锈钢隔板。
* 最上层使用架的替代物，不需要镜子。
* 豆腐不要多层叠放。

煮豆

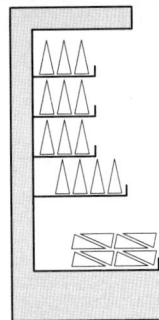

* 煮豆的包装形式多为立式盒装，因此货架隔板需平放。
* 因煮豆保质期较长，所以无需使用镜子及替代物。
* 货架最下层商品，不要将袋子竖立，要交叉横放。

鱼肉熟食、中华面、甜烹海味

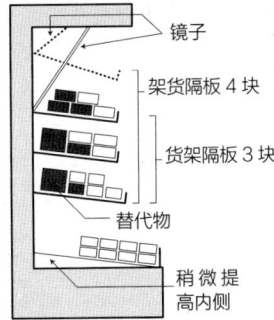

镜子

架货隔板4块

货架隔板3块

替代物

稍微提高内侧

* 因鱼肉熟食、中华面、甜烹海味多为托盘商品，可以稍微增加隔板的倾斜度。
* 各店根据自己的需要，可将四层隔板改成三层隔板，较少陈列数量。
* 用替代物或镜子增加分量感。
* 鱼肉熟食，因其冬季与夏季的销售量有很大差别，应根据所需陈列商品。

生面、比萨

* 生面、比萨等商品多为袋装，如果角度太大的话容易滑落。
* 因商品体积较大，所以不使用替代物及镜子。
* 陈列时要注意不让商品滑落，并保证商品可以被看到。

货架隔板的长度及其角度

为方便顾客找到、选择及购买商品，需根据需求统一各类商品隔板的长度及角度。另外，在库存少的情况下，为使货架看上去仍有分量感，要注意活用替代物。

冰淇淋

双层式
下层为开放式
上层为拉门式

替代物

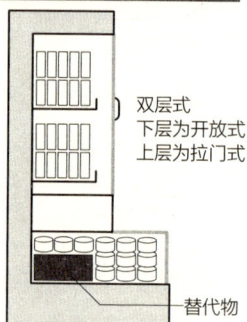

* 冰淇淋的设定温度为 -24℃，基本上不使用多层保存柜。
* 销售淡季时，最下层的里面可使用替代物，以减少陈列数量。
* 拉门关闭不严的话容易出霜。

●冷冻保存柜　　●冰淇淋保存柜

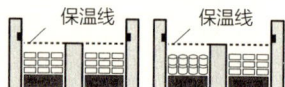

保温线　　　　保温线

* 无论是冷冻保存柜，还是冰淇淋保存柜，销售淡季时都要使用替代物。
* 严格遵守在保温线（road line，超过此线以上，商品的温度就会升高）以下储存的原则。

牛奶、果汁、饮料

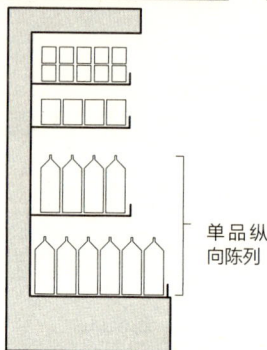

单品纵向陈列

* 夏季为牛奶的销售旺季，所以需扩大储存空间。畅销商品要单品纵向陈列。
* 第二层架子上也要摆放 1L 装的牛奶及饮料，所以需将上层的隔板拆掉。
* 前面的商品卖掉后要注意及时将后面的商品补充到前面。
* 不使用镜子或替代物。

乳制品

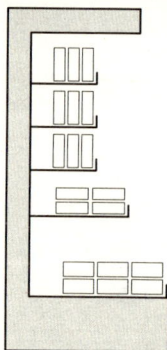

* 乳制品的周转率较其他商品要低很多，所以要注意不能有过多的库存。
* 因包装多为盒装，所以第三层货架以上要竖立陈列（如果里面的食品有倾斜现象，说明在运输、保管的过程中温度有过上升）。
* 交货时步数是以箱为单位的仓库，所以要确保足够的陈列空间，仓库尽量不要有库存剩余。

冷冻食品

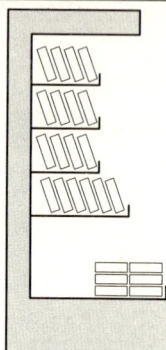

* 冷冻食品的包装大多为塑料袋装或盒装。货架隔板可平放，以防止商品滑落。
* 不使用镜子或替代物。但因有销售旺季与淡季之差，淡季时可将靠近内侧的商品平放，外侧的竖放，这样便可以解决库存少的问题。

冷藏甜点

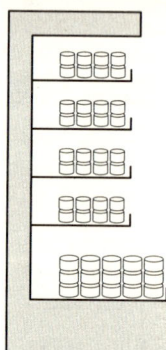

* 甜点类商品多为塑料盒包装或纸盒包装，容易叠放。但叠放后，里面的商品就不容易被看到，所以要时常注意将商品靠前摆放。
* 将货架设置成可以叠放两层商品大小的间隔。
* 无需使用镜子或替代物，但陈列架要显眼。

第**4**章

提案及店内
促销

制订销售计划

① 制订销售预算及毛利润预算

企业通常会制订年度销售预算及利润预算。然后将这个预算分配到各店及各部门，最终制订出年度预算、每月预算、每周预算、每日预算。

各部门预算的分配由管理部门或店长来实施，然后各部门的负责人将每月预算分做成周预算及日预算。

日预算为所有预算的基础，在此基础上再制订"销售计划"及"人员计划"。

② 销售计划

制订出月预算、周预算、日预算后，为达成预算目标，接下来就要计划商品及销售方式。这一计划也要按照月、周、日的形式制订，而生鲜食品、炒菜熟食类食品等还需要制订时间带计划。

然后再制订更详细的级别预算，定期检查预算达成情况，最终达成最后的总销售预算。（参照下页图）

③ 促销计划

为保证销售计划顺利进行，还需要制订促销计划。促销计划分特卖传单宣传计划和店内促销计划两种，前者主要以吸引外面的顾客前来购买为目的，后者主要针对已经来店的顾客。

级别预算达成较困难时，卖场负责人要与商品部联合实施店内促销。

④ **订单计划**

促销企划商品及特卖商品需根据销售计划提前预订原材料、商品、包装容器等。为防止因断货让前来购买的顾客失望这类事情的发生，下单时需充分考虑。

尽管有些有经验的小时工会略感自豪地说："一个也没剩下，全都卖完了。"但事实上这或许是意味着失去了下一个销售机会。

⑤ **人员计划**

促销计划中的商品，都会有哪些人来买？什么时间来买？买多少？需要陈列多少？为明确这些问题需要制订一份人员计划书。关于干货及日配品，并

销售计划的流程图

企业利润预算　企业销售额预算
各店利润预算　各店销售额预算
各部门利润预算　各部门销售额预算

销售计划
月销售计划
周销售计划
日销售计划
各时间段销售计划

促销计划
广告传单计划
店内促销计划

下订单
陈列
销售
检验核实

不是说早上将商品陈列后一天的工作就完成了。对于计划的商品，要在销售上担负起相应的责任来，不能出现断货。

人员计划需做出从下午 13 点前的销售高峰期到傍晚高峰期的全天计划。无论仓库是否有库存，都要防止店内商品断货的情况发生。

⑥ 卖场计划

将计划中的商品按照配置表陈列在卖场中。要本着方便顾客寻找、选择及购买的原则陈列。要事先做好卖场布置、陈列柜的配置表，保证当天能够在短时间内有序地布置好卖场。中午高峰时段卖场及傍晚高峰时段卖场的配置表也要提前做好。

⑦ 促销商品的计划

对于特卖商品及活动商品的广告板、POP、价格标牌等，要在促销开始的前一天确认好，并妥善保存。为防止"商品与价格不一致"情况的发生，"标价负责人"与"收银员"事先要进行充分的沟通。对于已经结束的企划及过季的促销品，不要忘记及时撤掉。

⑧ 检验核实

企划结束后，一定要用数字检验核实销售计划。针对销售预测（金额、数量），要记录下原库存（金额、数量）、实际销售业绩（金额、数量）、剩余库存（金额、数量）、下次预测（金额、数量），除此之外，对于气候、气温、其他外在因素等也要记录下来。

如何制订销售计划书

（1）月销售计划书

"月销售计划书"的制作程序为：①月历、周历、日历；②日销售额预算；③节日、纪念日、集会；④广告传单计划、传单登载商品；⑤周重点销售商品；⑥去年的月畅销商品；⑦当季商品、培养商品；⑧意见及建议。"月销售计划书"又称"月销售规划"，指的是一个月的大致促销计划。

制订销售计划时的关键点

1	Why	销售计划的意义及内容	"部门会议"
2	When	起止时间	"设定销售期"
3	What	重点销售商品	"决定重点商品"
4	Where	在哪里卖	"卖场的布置、货架的配置"
5	How many	卖多少	"计划销售数量""下订单"
6	How much	卖多少钱	"设定销售目标"
7	How to	如何工作	"工作指南"
8	Who	谁来指示	"工作分配""工作指示书"
9	Whom	听从谁的指示	"工作分配""工作指示书"
10	How long	需要多长时间	"工作计划""工作分配"

按照以上流程，将各项数值化后制成表格。
分"Plan""Do""Check""Action"四步执行。

（2）周销售计划

为保证月预算的顺利完成，要将计划进一步细分为 52 周的销售计划。根据 POS 数据，在分析去年同期（周）的销售业绩、主打商品的销售业绩、传单促销商品的销售业绩、店内促销商品的销售业绩、各节庆日商品的销售业绩的基础上，确定今年的流行商品、新商品、新企划后制订今年的周销售计划。

还要注意检查"级别销售目标"的完成情况。

（3）每天、各时间段销售计划

"周销售计划"可进一步细化为"日销售计划"。

即便是干货及日配商品，也并不是说将商品陈列完毕后一天的工作就结束了。

日配部门各部门有各自的问题，如"开店时商品基本上是100% 齐全，但临近下班时却没有保证商品 100% 齐全""断货商品多""有些商品销售周期短""像生鲜食品那样的特惠促销少""白天与晚上的商品基本相同"等。所以日配部门还需分别制订早、晚的销售计划，然后进一步将计划细分为"时间段销售计划"。

例如，面包陈列柜上，早上跟傍晚的陈列商品是不同的。冷藏柜也需根据销售情况改变配置及陈列商品。有时还需根据天气变化改变陈列商品。

营业时间分 4 个时间段的销售计划

将开门到关门的营业时间划分为 4 段，根据顾客需求布置卖场，并据此制订销售计划。4 个时间段的内容如下：

①第 1 个时间段：10 点开始营业 –13 点

②第 2 个时间段：第一个高峰期结束后的空闲时间 13 点 –16 点

③第 3 个时间段：傍晚高峰期 16 点 –19 点

④第 4 个时间段：傍晚高峰期结束后至关门为止 19 点 –22 点

月销售计划书(xx年x月)

日配部门

日、星期	1 二	2 三	3 四	4 五	5 六	6 日	7 一	8 二	9 三	10 四	11 五	12 六	13 日	14 一	15 二	16 三	17 四	18 五	19 六	20 日	21 一	22 二	23 三	24 四	25 五	26 六	27 日	28 一	29 二	30 三
日预算																														
日业绩																														
节庆日																														
广告传单计划、广告商品																														
重点销售商品																														
去年月畅销品																														
去年周畅销商品																														
本月培养商品																														

月、周销售计划书

目标销售额_____
目标利润_____   日配部门

期间　　年　月　日 - 　年　月　日

商品名	规格	成本价	卖价	购买数量	库存数量	销售数量	销售金额	利润额
合计								

节日、活动计划书

（　年　月　日 - 　年　月　日）

题目_____　　　　　目标销售额_____
　　　　　　　　　　　　　　目标利润_____日配部门

商品名	规格	成本价	卖价	购买数量	库存数量	销售数量	销售金额	利润额

开展方法、地点　　　　　　　多层货物柜

　　　　　　　　　　　　　　　　　　　　　　陈列柜

卖场布置

建议

有效的销售及其注意事项

下单的程序及方法

（1）商品保管库的工作

＊确认销售计划书

通览月、周、日、时间段的销售计划书，整理出本公司发送来的商品及店里自己要下订单的商品。

如果不彻底执行这些整理、确认工作，会容易出现商品不到货或重复下单等状况。

＊记录到货商品数量

每日更换的特卖商品、长期特卖商品、店内促销商品、其他活动商品的期间、数量，要记录到 EOS（电子订单表）、EOB（电子订单簿），并用油性笔或红色笔标注。

卖场负责人要将相关信息传达至采购负责人，保证信息的共享这点非常重要。

＊确认天气预报、外部因素

即便做出了正确的订单预测，也可能因台风、大雪等恶劣的天气条件，地区的节庆活动，及合作方休假等使销售数量出现变化。

要随时搜集每周天气预报信息及地域信息。

可以在日历上标出从周天气预报中获取的天气信息，或是从员工那里获取的相关信息等。

＊商品保管库的整理、整顿及库存确认

商品保管处的冷藏库中没有库存的话，当然没有必要整理、整顿。但像豆腐、牛奶等销售数量多的商品及特卖商品等，肯定会有较多库存。

下单时务必要确认保管库的库存情况。另外，有稳定性的商品尽量不要在保管库里留有库存。

＊订单备品的管理（维护）

对于 EOB、COB（computer order book）等订单备品，需指派管理负责人，担负起相应的管理责任。

因其含有非常重要的信息，切勿携带出店外！另外，为防止问题出现，要删除多余的数据。

（2）卖场的下单工作

＊商品管理（修正、前进立体陈列）与陈列数量的把握

首先，下订单前需整理商品。因为货架最下层的商品可能被隐藏

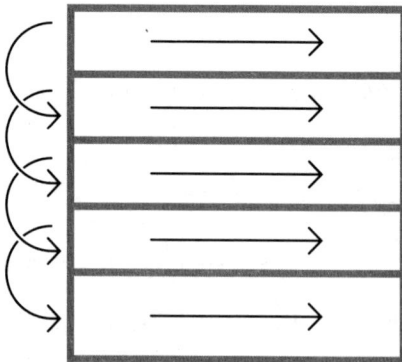
下单的流程(陈列柜)

在最里面或被其他商品遮住等。

＊下单流程及其注意事项

要从陈列柜最上层的左侧依次向右订货。EOB 的话，需根据输出界面进行。

另外，订货时需注意以下几点。

①商品与价格牌必须一致。

②卖场是否标有价格牌？

③商品是否按照商品配置表陈列？商品发生变化的话，其陈列数量及订货量都要相应地发生变化。

④同一商品是否在不同位置出现？大型陈列专柜及其相关商品销售中是否留有大量库存？

⑤要及时检查减价贴纸、商品保质期，及下次进货前卖场内是否还有商品？

⑥下订单时，此商品是否能维持到关门以前？可能会出现断货的话，要注意及时补货。

⑦商品的质量检查。有变色或破袋的商品的话要及时撤掉。

⑧明确区分每天下单的商品与尽量减少下单次数的商品（根据保质期的长短）。

（3）计算合理库存的方法及流程

＊商品周转率

日配商品中有像生鲜食品那样必须在短时间内卖掉的商品，和像干货那样保质期较长的商品。所以难以对商品的周转率下定论。但可以按级别来决定。

①商品周转率（次数）的计算方法

商品周转率 = 期间销售数量 ÷ 平均陈列数量 =

期间销售成本 ÷ 平均成本库存额

②商品周转天数（天）的计算方法

商品周转天数（天）= 计算期间天数 ÷ 商品周转率 =

销售总额 ÷（营业天数 × 商品库存总额）

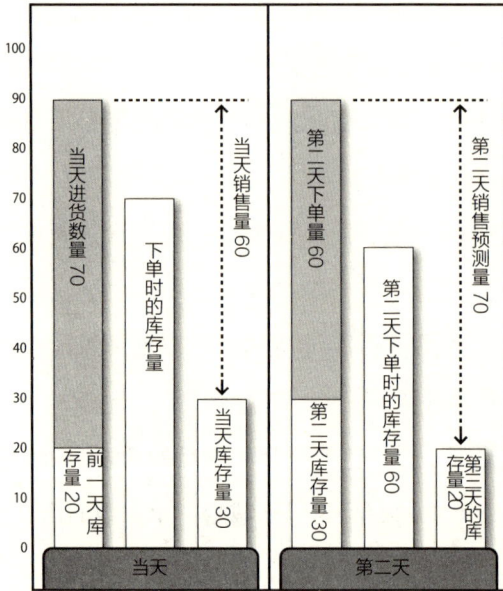

第二天的下单量 =（ 第二天下单时的库存量 + 第二天的销售预测量 − 下单时库存量

下单数量的基本决定方法

超市日配品的商品周转率为年 130 次（平均每月为 10 次）。

108

商品周转天数为 3.5 天左右。

为提高商品周转率有两种方法，一是减少作为分母的库存量，二是提高作为分子的销售额及销售总量。但只在盘货时才有大幅削减库存的意识的话，会丧失许多机会。

另外，常处于脱销状态，或极端缩小卖场也可以提高商品周转率。所以有必要按级别设定商品周转率。

＊计算出合理库存的方法

①店别、级别的销售，库存管理

在"级别　销售、库存管理表"中，希望大家注意的是，损失率（减价、废弃）、商品周转天数、PI 值（销售数量 ÷ 购买顾客数量）。除冷冻食品及冰淇淋外，损失率极小的话，丧失机会的可能性就较大。

相反，如果损失率高，说明会有一些无销路商品，或是过多的库存。

周转天数少的级别，意味着商品周转快，那么对于这类商品就要将之放到更好的位置，有效进行布置，并确保足够的卖场空间。

PI 值是衡量商品（级别）支持率的指标，它与店的大小、销售额的高低、顾客数量的多少无关。一般 PI 值上升意味着顾客对此商品支持率的上升，但最近出现了与支持率的上升相比，某一单品价格的下降才是主要问题的情况。

级别 销售、库存管理表

Dept	级别	销售额	构成比率	销售数量	单品价格	损失率	毛利润率	平均库存额	商品周转率（次数）	商品周转天数（天）	顾客数量	PI值	平均库存额目标	坪（尺）销售额	下月的季节指数

级别 月销售计划表

	级别	2012年月销售额	2013年月销售额	前年同期比	最近月销售额	前年同期比	月销售目标	实际业绩	目标比	差额
1										
2										
3										
4										
5										
6										
7										
8										
9										
10										
11										
12										
13										
14										
15										
16										
17										
18										
19										
20										

最畅销、最不畅销单品库存管理表

商品名称（单品、数量）	销售量	销售额	构成比	实际购买的顾客数量	单品价格	PI值	平均销售数量	合理库存量

②制作销售量"最好"的单品管理表，把握畅销商品的销售数量以便于下订单

制作单品库存管理表，并在表中按销售数量的多少列出各商品。需重视平常的销售数量，尽量除去特卖时的销售数量。据此算出平均销售数量（过去 1 ~ 4 周内）后，用此平均数乘以如 1.3 或 1.4 等的一定指数，便可得到一个合理的库存数（最大陈列量）。

如果为确定既不会出现断货也不会有过多库存的平常商品的合理库存量，那么就是"设定的库存量 – 销售数量（平均或同为某周几）= 定货数量"。我们称之为 per stock system。EOB 及 COB 就有这种功能，输入卖场中的库存量的话，就可以自动计算出所需的订货数量。

依据 PI 值的下单方法，PI 值 = 单品的销售量 ÷ 购买商品的顾客数量

如果购买商品的顾客为 2000 人，卖掉的单品数量为 100 个，那么 PI 值就等于 0.05。如果能预测出一天的顾客数量，那么以此乘以 PI 值就能预算出当天的销售数量。

也就是说，"预测顾客数 × PI 值 = 下单数量"。

③对无销路商品的削减及对其库存的缩减

对于销售情况很差的，流动性不大的商品，保证其不会出现断货即可，适当缩减其不必要的库存。

即使是无销路商品，也有不可削减的商品，如"豆腐渣"等，

所以要注意控制这些商品的订单量、库存量。

④卖场空间、货架商品的合理化

根据最畅销商品及最不畅销商品清单，将商品分配到实际卖场，如果卖场空间极大或过小的话，可适当扩大或缩小卖场空间。货架上的商品亦是如此。

⑤调整每项单品的库存量、反复验证，将卖场库存合理化

1000 日元的商品卖掉 10 个就是 1 万日元。而 100 日元的商品要卖掉 100 个销售总额才能达到 1 万日元。然而，在日配商品中，卖 100 个 100 日元的商品更为重要。这是因为比起花时间周转 1000 日元的库存商品，100 日元商品的周转率要高得多。

店内促销及正确下单的要点

①采购负责人要承担起防止断货及管理库存的责任

如果卖场负责人没有太多经验，卖场偶尔会有早上的商品陈列丰富，到第二天就卖空，或进货过多最后不得不打折等情况的出现。

因为上午的采购负责人无法看到全天的商品销售情况。

为解决这一问题，有些企业采取以下办法，例如将豆腐、牛奶、切片面包等容易产生断货的高周转率商品交给全天都在店里的负责人，而腌菜、面条、甜烹海味、煮豆、冷藏甜品等周转率较差的商品交给只负责上午的负责人。

②高峰时期的卖场确认

对于断货商品，卖场要及时确认引起其断货的原因，这点很重要。

因为特卖商品或畅销产品售罄，所以与其类似的商品作为替代商品比平时卖得好。

若不了解这一原因，而增加替代商品订单数的话，就会容易产生库存积压，造成减价或废弃等损失。所以高峰期时务必要到卖场检查商品的整理及库存情况。

③现场的交流与教育

夏季傍晚时分为客流量较大的时间段，在这一时间段常发生冷藏在冷库的牛奶、豆腐未被放入卖场；或毫无考虑地进行了时间段促销后，第二天却没有再进货从而发生断货等，类似这样的事情很常见。

这是采购者与销售者、傍晚的小时工、打工人员等没有交流沟通的结果。

卖场负责人可在上午开个小会，或上午时段的负责人给下午时段的负责人留个字条，写上"请将这个这样卖""只有这些库存，请务必将其全部放入卖场"等，相互之间的交流非常重要。

④高效率的采购及陈列

所谓高效率的采购及陈列指的是"减少采购次数"。但这并不是说要缩减商品，而是说是否可以将每天采购陈列的商品改为每两天、三天集中性地采购或陈列。

例如，日配商品的销售额为 60 万日元，单价为 120 日元，那么这就意味着要陈列 5000 件商品。

60 万日元 ÷120 日元 =5000 件

部门日销售额 ÷ 商品单价 = 所卖商品数量

道歉 POP

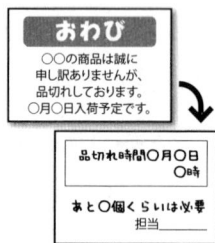

信息卡

顾客、工作人员之间的
交流方式图(例)

还是同样卖 5000 件商品，对每 1 SKU 平均采购 5 件的话，就会出现如下情况：

5000 件 ÷5 件 =1000SKU

陈列个数 ÷ 采购单位 = 陈列 SKU

每 1SKU 平均采购 10 件的话，那么就会是：

5000 件 ÷10 件 =500SKU

也就是说，同样的陈列件数，在 1000SKU 的采购陈列与 5000SKU 的采购陈列中，明显后者所耗费的时间更短些。与其相关的其他经费（纸、通信费用、分拣费用）等也相对较低。

卖场内摆放不同生产日期的商品 3 件、4 件的店，便属于前者，是低效率采购、陈列的证据。这时要进行贱卖处理等，尽量将生产日期控制在两种以内。

⑤根据保质期的长短，制定采购循环期的标准

·3 天以内的商品……每天采购

·4 天 –1 周的商品……每两天采购一次

·1 周以上 –2 周以内的商品……每 3 天或 4 天采购一次

·2 周 –1 个月以内的商品……每周采购一次

·一个月以上的商品……每两周采购一次

⑥注意检查采购单位

商品采购单或 EOB 的采购单位越小，卖场陈列的商品就越新鲜，因为如果不同生产日期的商品增多，会给顾客造成不信任感。

从收货到检货、验收、收货、退货

商品收到后，在发票上签了字便属于店里的东西。将收到的商品放到规定的地方、冷藏库、冷冻库保存的这一环节，我们称之为"收货"环节。

检查收到的商品是否有损坏、液体泄漏、针孔等，生产日期是否为最新等环节我们称之为"检货"。

检查公司内部的中心物流或物流公司搬运来的商品是否与订单一致，是否与发票一致后将商品保存到规定的地方这一环节，我们称之为"验收"。

检货

检货是为保证向顾客提供安全放心商品的一项商品质量管理（品管）工作，严格检验收到的商品这点非常重要。

除包装箱是否有破损，是否有液体泄漏、变色及商品是否有损坏等外观上的检查外，生产日期、商品新鲜度等方面的检查也要严格执行。

对于有问题的商品，哪怕是卖场已经缺货也要拒绝签收。

可填写退换申请书要求退货或换货。

这时还应打电话给本公司，确认是否在其他店也出现了同样的问题。

验收

随着配送次数的增多，省略商品验收环节的情况也会逐渐增多。在这里就发票（交货发票）及其流程进行简单地介绍。

对照收到的商品与发票，检查收货方、店名、店代码、科代码、级别、收货日期、商品名称、商品代码、数量、原单价、成本金额、销售单价等是否正确。

如有错误，要马上在发票上进行改正。并进行相关的必要处理。

发票等同于现金，必须将其妥善保存。

收货

务必在规定的场所收货。超市的收货地点基本上都在"前院处"而不在"仓库处"。

务必使用推车等。绝不能将商品直接放到地上。

对商品要轻拿轻放。

堆放商品时要按照重、大、小、轻的顺序堆放。

收货方可要求本公司内部的物流中心送货时尽量将同一商品、同类商品放在一个车厢内。

收货发票

收货发票			票号		收货方	收货方代码

店名		店代码	科代码	DEPT	商品区分	年	月	日

商品名称	商品码	数量	交易	原单价	成本金额	销售单价	销售金额	备注

签名				成本金额合计

商品到货后，要尽快陈列到卖场。卖场摆放不下的特卖品或高周转率商品要放入库房冷藏库或冷冻库保存。

避免将商品直接放到地上。这不论是从卫生方面来讲，还是从工作性质来讲都不好，所以务必要使用小推车。

商品要整洁，摆放在方便拿取的地方。

为使顾客对商品一目了然，要将商品分类收纳。

退换

需要退换的商品要在退换之前妥善保管。

①退换商品的处理

需要退换的商品中，对于因袋子破损或鸡蛋破损等从内部渗出水的商品，要将其放入塑料袋等防漏的容器中保管。

118

商品退换发票(红色)

退换发票			票号		收货方	收货方代码		

店名		店代码		科代码	DEPT	商品区分	年	月	日

商品名称	商品码	数量	交易	原单价	成本金额	销售单价	销售金额	备注

签名				成本金额合计

②商品有问题时

发现商品有问题时，要当场将理由填在信息卡上，并将信息卡贴在商品上。不这样做的话，商品会被误摆放到卖场。

另外，要提前确定退换商品的保存场所并妥善保管，以防止与其他商品相混杂。

③填写商品退换发票

商品退换发票必须由卖场负责人填写，发票上要有卖场负责人的签字。

填写内容为：店名、店代码、分类码、年月日、供应商名称、供应商代码、商品名称、商品码、原单价、成本金额、销售单价、销售金额、备注（退换理由）、填写人签名、收领人签名等。

第 **5** 章

日配部门的 "工序"

图示 陈列作业（基本篇）

袋装商品

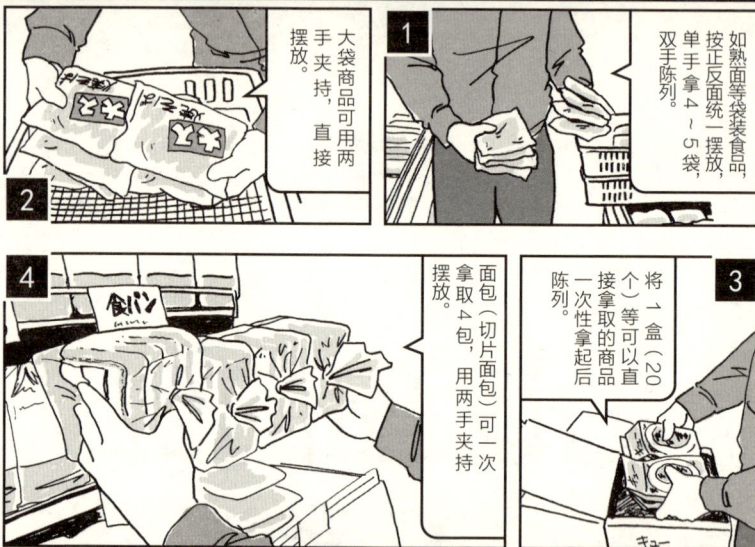

1 如熟面等袋装食品，按正面反面统一摆放，单手拿4～5袋，双手陈列。

2 大袋商品可用两手夹持，直接摆放。

3 将一盒（20个）等可以直接拿取的商品一次性拿起后陈列。

4 面包（切片面包）可一次拿取4包，用两手夹持摆放。

盒装商品

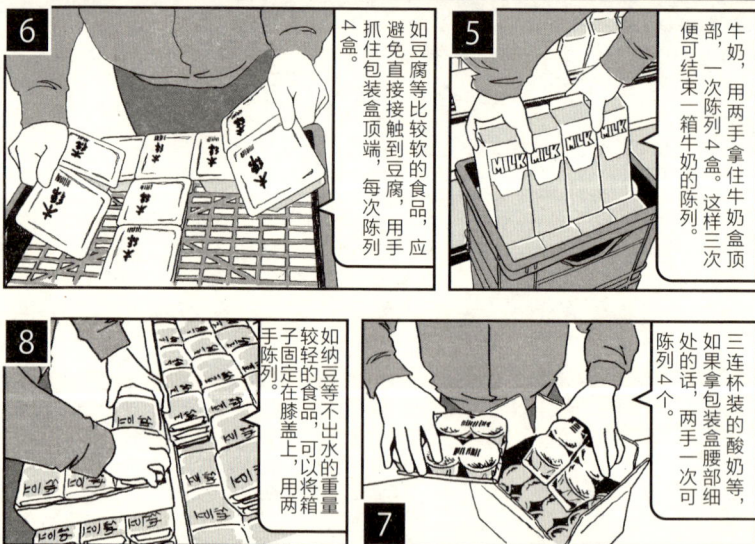

5 牛奶，用两手拿住牛奶盒顶部，一次陈列4盒。这样三次便可结束一箱牛奶的陈列。

6 如豆腐等比较软的食品，应避免直接接触到豆腐，用手抓住包装盒顶端，每次陈列4盒。

7 三连杯装的酸奶等，如果拿包装盒腰部细处的话，两手一次可陈列4个。

8 如纳豆等不出水的重量较轻的食品，可以将箱子固定在膝盖上，用两手陈列。

图示 陈列作业（应用篇）

注意！移动较重的商品时的原则

2

如周转箱等有把手的容器，要抓住把手，不要抓底部。其他基本同上。

1

拿放较重的商品时的注意事项如下：
a. 用力抓住底部。
b. 手握取商品对角线的角c. 搬运时要略微屈膝，挺直腰背，不要半蹲或弯腰d. 要用身体顶住商品

①含有水的物品（如袋装腌菜等）的陈列及先入先出

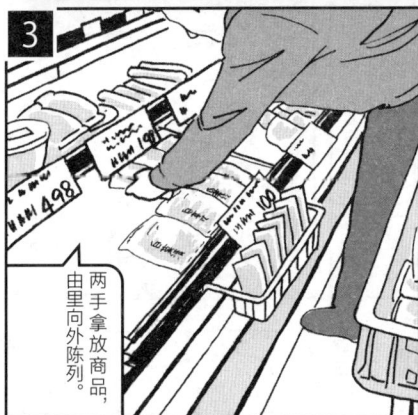

3

两手拿放商品，由里向外陈列。

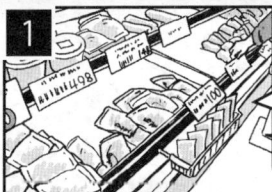

1

前一天剩下的商品，先暂时将其从冷藏柜中取出，移入空置的周转箱。

2

清洁冷藏柜后，将新进的商品按照配置表配置商品。

6

将前一天的商品摆放在前面。

4

由里向外摆放，稍减少前面的摆放量。

7

进行前进立体陈列，最后确认陈列POP的位置及商品价格。

5

使用陈列用的两层拉车，尽量避免商品在车子的上下跃动。

1

鱼卷等形状不规则的商品需认真陈列。将前一天卖剩的移至前面或右侧。

ちくわ100

2

两手能拿多少拿多少。

3

统一商品的正反面，由内往外摆放。

4

注意商品叠放的高度要与最前面的高度保持一致。

5

为防止商品滑落，可稍微向里面倾斜着摆放。

50ሀ79 ちくわ105

6

注意保持左右两侧商品的高度相同。不论摆放多少商品，都要止于第二层隔板的下面。

298

98

98

124

⑨特卖商品的展开与布局

2 决定摆放7列后，再决定摆放至最内侧的盒数。由外向内能摆放3盒。这样，7列×3盒=21盒。

1 注意活用陈列架最下层的自由空间，并决定特卖商品的配置摆放。这时商品销售预计量一般为1c/s12个×10c/s=120盒。

3 预计陈列120盒。1层的陈列量为21盒，假设每层摆放的高度平均为6盒的话，那么就可将120盒全部陈列到卖场。

4 单手拿6盒，由内向外按顺序摆放。

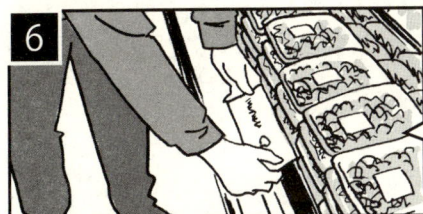

6 贴上特卖POP，陈列结束。

5 认真摆放的话，可叠放托盘盒装6盒，且不会倒。

7 如能按销售计划完全卖掉，那么一便是98日元×120=11760日元。首先，制订销售计划并确认陈列的数量，然后决定如何摆放商品。尽量保证将一天的量全部摆放至卖场。

3

1

前一天的商品有剩余。

2

贱卖（减价）商品与当天新进的商品都量多的话分左右陈列。

陈列新进的商品时要注意不要跟减价商品混在一起。为能自由使用右手，可将商品靠右侧陈列。

当天新进的商品摆成4列，并在靠右侧处贴上价格牌，右侧2列为贱卖（减价）商品。

为防止商品滑落，可稍微向里面倾斜摆放。

うどん**48**

5

4

商品叠放好后，要注意高度的一致。为防止物品滑落，可稍微向陈列架侧倾斜。

うどん**48**

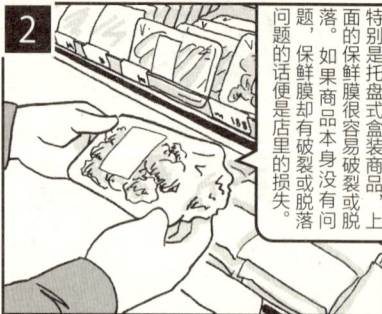

2

特别是托盘式盒装商品，上面的保鲜膜很容易破裂或脱落。如果商品本身没有问题，保鲜膜却有破裂或脱落问题的话便是店里的损失。

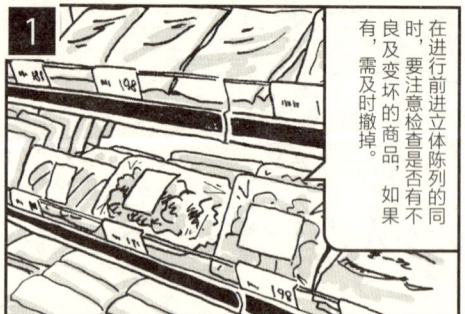

1

在进行前进立体陈列的同时，要注意检查是否有不良及变坏的商品，如果有，需及时撤掉。

126

⑥酸奶的 POP 宣传及店内促销的更改

1 将前一天之前的酸奶换成其他酸奶。按照先入先出的原则进行摆放。

2 确定新进商品及前一天剩余商品的数量,决定摆放的商品数量。

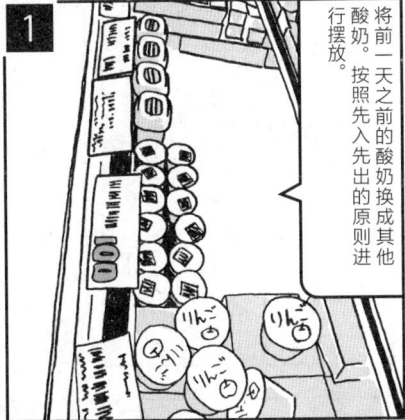

3 将商品叠放至统一高度后陈列工作便完成了。

4 其他种类的酸奶也按照同样方式确认数量并陈列。

5 贴上"酸奶的功效"的POP后,酸奶卖场的布置便算完成。原味酸奶与水果味酸奶可进行比较销售。这种销售方式在ZB商品及PB商品中很常见。

⑦周边商品的销售

1 销售某商品的周边商品时要尽量使用专用的摆放容器门(带滚轮的)。如果有滚轮,不但便于移动,而且方便顾客不小心碰到商品的话也不会被弄伤。

2 乌冬面的组合销售中最常见的便是乌冬面调味汁。因为是液体商品,所以要平放。

3 置于乌冬面陈列处的右侧。这种容器可根据库存量的多少调整底板的高度,所以随时可以生产出分量感。

3

陈列架上要放上隔板并确定商品的陈列法。

2

面包的店内促销较多，因此要根据店内促销计划书确认商品的数量。

1

不仅是面包，在陈列常温下保存的商品前都要用清洁剂清洁陈列架。

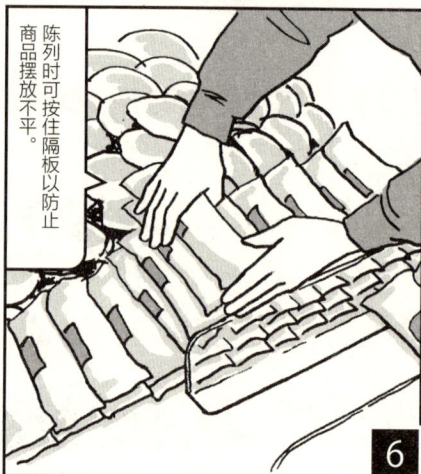

4

确定了如何陈列后，再决定纵深。因为有些商品尽管前后为同一商品，SKU却不同，所以需尽量确保高度及数量都一致。

陈列时可按住隔板以防止商品摆放不平。

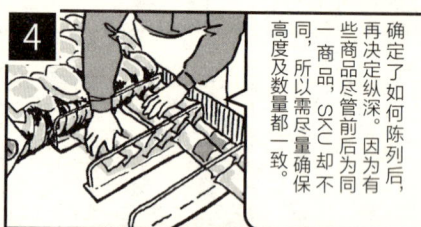

5

决定好纵深及陈列方法后，陈列时尽量保持同样的高度。统一商品的面向。

6

7

后面的商品也按照同样的方式陈列。如果不认真陈列，商品可能会倒塌。

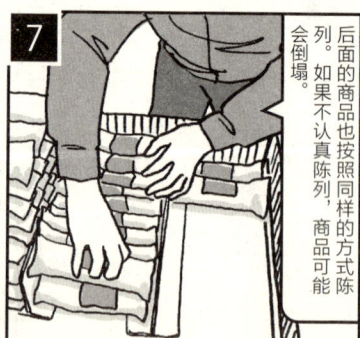

8

将全部商品摆放到卖场，且保证摆放的高度一致。

最后贴上POP，完成陈列。

❾豆腐卖场（前进立体陈列）

1

豆腐为体积较大的商品。如果稍不注意，卖场可能就变得杂乱，因此要时不时地进行整理。

2

重新整理的顺序为由左上层开始从左至右依次进行。这样可以防止遗漏。

3

充填豆腐等容易变形的商品应将包装盒立起。且必须用双手陈列。

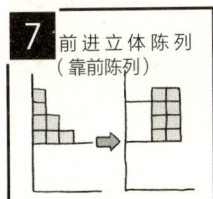

4

用手从货架最里面往前推的话，可使商品看起来有分量感。

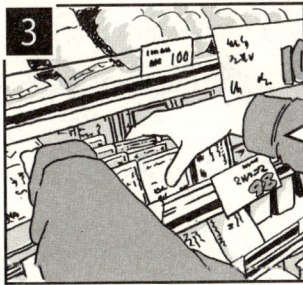

5

下面两层货架不要竖立而要重叠陈列。这时可单手拿2块往前拉一下。

6

最上层特别容易凌乱，因此要在前面稍微多摆放些。

7 前进立体陈列
（靠前陈列）

8

一定要做好重新整理、前进立体陈列。

129

正确的库存管理及合适的库存

库存一般是指商品、原材料、消耗品等。将库存控制在最小限度内称为"库存管理"。

尽管多的库存可以防止因断货而引起的损失，但保有库存相应地就会增加成本。反之，如果库存太少，虽不会增加成本，但发生断货的可能性就会增加。

通过商品的周转情况来判断

日配商品的库存控制有一定难度。

这是因为日配商品中有生鲜食品等必须在 1 天、2 天内卖完的商品，及冷冻食品、冰淇淋、乳制品等保质期较长的商品。

商品的周转情况如何？或保有多少的库存量才合适？可将商品周转率（次）及商品周转天数作为衡量标准。

一般，超市日配商品的商品周转率（次）的标准为每年 130 次左右，商品周转天数为 3.4 天 –3.8 天。

每 1 坪的库存额为 40000–45000 日元左右。

商品周转率 = 销售数量 / 平均陈列量

或：

= 销售成本 / 平均成本库存额

商品周转天数（库存消化天数）= 计算期间天数 / 商品周转率

或：

= 营业天数 × 商品库存额 / 营业额

计算出合适库存的方法及程序

① 制作级别营业额、库存管理表

制作每月的级别营业额、库存管理表，把握当前数据（表①）。其中应特别注意营业额构成比的变化及损失率。

当营业额构成比上升，损失率降低时，就有可能损失机会。相反，营业额构成比呈降低趋势，而损失率上升时，则有库存过多的可能性。

表① 级别营业额、库存管理表

月

DEPT（大分类）	级别	营业额	构成比	销售数量	商品单价	损失率	毛利润额	平均库存额	平均库存数	商品周转率（次）	商品周转天数（天）	平均每坪营业额（尺）	坪数（尺）

② 制作级别销售量最多及最少一览表

如表②。绝对不能让级别销售量最多的商品出现售罄情况。

表中的重要指数为，1天的平均销售量 /PI 值（销售量 ÷ 来店顾客数量）、适当的库存量（平均销售量 × 适当的库存指

131

数）。适当的库存指数为销售量最多的那天（周日或节假日）的数量乘以 1.2—1.5 指数得出的数值。

表②

级别 数量最大

商品名称	销售量	平均销售量	销售额	PI值	损失率	毛利润率	适当的库存

级别 数量最少

商品名称	销售量	平均销售量	销售额	PI值	损失率	毛利润率	适当的库存

③根据销售量最差一览表，对销售行情差的商品的库存量进行修正

　　根据销售量最差一览表，削减销售行情差的商品或零利润商品的库存量。

现场盘货

现场盘货是指清点有多少商品、成品、半成品、制作中的产品、原材料等。通过清点金额、数量把握商品的库存额。人们将此称为"现场盘货"。

通过现场盘货可以正确把握营业期间的毛利润额，还可以确定营业利润额及经营利润额。

为保证现场盘货准确无误，需注意防止遗漏或重复清点。

现场盘货的工作程序

①设定不同的库存区（图①）

库存区分为卖场及库房。卖场负责人要根据卖场布置，分别为每个区域标号，进而为每个货架标号。

还要在库存区为冷藏库、冷冻库、常温保管处的每个储存架标号。

卖场的库存划分

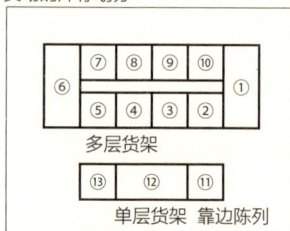

多层货架

单层货架 靠边陈列

库房的库存划分（冷藏库）

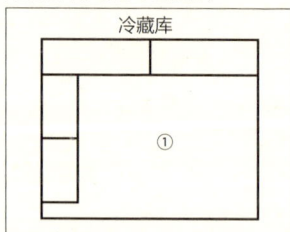

图① 设定不同的库存区

134

②准备盘货封面及盘货用纸

a. 盘货封面（图②）

制定表格并按店名、部门名称、库存区分（卖场、库房）号、盘货用纸纸张数、盘货负责人、时间、店长印章、卖场负责人印章、日期进行分栏。

b. 盘货用纸

如图②，设置用纸 NO.、区分 NO.、店名、部门名称、陈列架、货架号、品名、销售单价、数量、合计金额、检查印等栏。

使用盘货专用打印机时也要将小票贴在盘货用纸上。

③正式盘货

a. 提前整理商品以方便清点。从卖场中去掉其他部门相关的商品等。

b. 两人一组，分别负责清点、记录，一边清点商品一边记录。

c. 从区分 NO. 的上层开始，从左往右依次清点。

d. 按照同样的方式，依次清点第二层、第三层。

e. 结束区分 NO. 的清点后，将记录表贴到卖场（图③）。

f. 按区分 NO. 分别盘货，清点结束后在纸上的空白处打√。

g. 所有的记录纸确认没有问题后，在盘货封面的检查印栏盖章。

h. 填入盘货用纸的纸张数、开始时间、结束时间、所花费时间。

i. 使用出纳机或计算器计算出盘货后的商品的合计金额。

盘货封面

店长印	卖场负责人印

日期　　年　　月　　日

店	科

区分 NO.
盘货金额

库存区分	
卖场	库房

盘货用纸

纸张数	记录	失误纸张数	剩余纸张数

检查人员印

	负责人	开始时间	结束时间	花费时间
负责人时间				

盘货用纸

用纸 No.	区分 No.

店	科

No.	陈列台No.	货架号	品名	单价	数量	合计	检查印	No.	陈列台No.	货架号	品名	单价	数量	合计	检查印
1								25							
2								26							
3								27							

图② 盘货封面及盘货用纸

库存区分 陈列台 No.

⑩-1　⑩-2　⑩-3　⑩-4

表面

⑩-1

背面

完毕

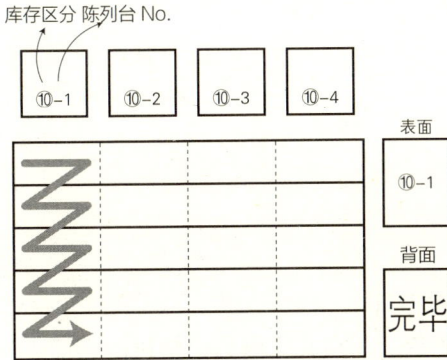

图③　清点结束后将记录贴在货架上

打折、限时特卖处理

设定销售容许期

销售容许期是指商品进货后需在几天内结束销售的目标。

这并不是指一直销售至快过最佳食用期或保质期为止，而是将顾客买回后在冰箱的储存期考虑进去，把商品分为不同组，设定销售容许期，并尽可能在这一期间内将商品卖完。

设定打折基准

并非所有商品都能在销售容许期内卖完。可能会因为天气变化或其他外在因素等造成库存积压。

这时就需要设定一个基准，如从什么时候开始减价、减多少。如果一下子进行半价处理的话，商品可能会很快卖完，也就没有利润可言了。

因此，在控制店、部门的利润这层意义上，减价是非常重要的环节之一。

打折方法及全部售完的方法

①按照销售容许期及减价基准，检查每件商品的日期及质

量，挑选商品。

②减价工作分早上商品陈列结束后及下午高峰期来临之前两次进行。

③将减价标签贴在规定的商品位置上。

④一般情况下，日配商品须在冷藏柜内销售。

⑤减价商品的销售场所有三处。

a. 在固定货柜上销售

保证最新日期的商品至少在一个排面以上，然后在其一侧销售减价商品。

这样的好处是方便顾客比较商品的价格及生产日期。

b. 在减价商品区销售

这是一种不将减价商品放在固定货柜，而是将所有打折商品放在特设的"减价商品专柜"销售的方法。

这种方法下，顾客无法了解原来的价格，所以要将价格贴在每个商品上，并贴上减价标签以明确其折扣。但这样无疑就增加了工作量，还有无法把握每个商品库存情况的缺点。

c. 特设专柜只售半价商品

这是一种将"8折""7折"或"减30日元""减50日元"等商品在固定货柜销售，统一销售"半价""5折"商品的方法。

傍晚高峰期时，将半价商品放在可移动式冷藏柜，并置于显眼地方的销售可获得较好的效果。

打折、限时特卖处理表

保质期	主要对象商品	打折标准
保质期为1天	刚出炉的面包，副食类	从傍晚开始分两阶段减价
保质期为2天	调理面包、三明治、调理面	从第1天傍晚开始减价
保质期为3天	手工甜点、新鲜蛋糕、轻炸豆腐、油炸豆腐、豆腐渣	从第2天傍晚开始减价20%～30%
保质期为4天	熟面、调理面、油炸豆腐、腌咸菜、日式点心、西式点心、豆腐、面包	从第3天傍晚开始减价20%～30%
保质期为5天	新鲜甜点、瑞士卷、奶汁烤菜、煎饺、烧麦、云吞、肉包、豆沙包、腌菜	从第3天傍晚开始减价20%～30%
7天	牛奶、加工乳、乳酸菌饮料、炸鱼糕、板鱼糕、生鱼卷、蒸鸡蛋羹、纳豆、豆腐、冷藏比萨	从第4天傍晚开始减价20%～30%
8-14天	果汁、酸奶、板型鱼糕、鸡蛋豆腐、生面、炒面、托盘装腌菜、托盘装甜烹海味、托盘装煮豆、布丁	第5-7天傍晚开始减价20%～30%
15-30天	白干酪、蒸煮袋关东煮、真空包装鱼糕、冷藏汉堡、肉丸、充填豆腐、蒸煮袋咖喱、天然奶酪、魔芋、魔芋丝、LL甜点、料理食材	第10-15天傍晚开始减价20%～30%
31-60天	酸奶油、LL牛奶、LL果汁、咖啡伴侣、鱼肉火腿/火腿肠、LL包装面、梅干、瓶装泡菜、真空包装煮豆、甜烹海味	第15-30天开始减价20%-30%
61-90天	天然奶酪块(真空)、调味汤汁、萝卜腌菜、梅干、细条腌菜(真空)	第30天开始减价20%-30%
91天以上	黄油、麦淇淋、加工奶酪、切片奶酪、冷冻食品、冰淇淋、甜筒	第30-45天开始减价20%-30%

⑥一定要用干净的器具摆放，认真对待。要时常用清洁剂清洁置物架，还要注意及时整理商品。

⑦如果商品发生变色、变质、漏水等情况，即便是在销售

容许期内，在最佳食用期内或保质期内，该商品也绝对不能销售。

如果在进货时就发现商品有问题，那就要要求向厂家或批发商退货。

⑧如果销售时工作人员在场，要注意不做出对顾客失礼或引起误会的事情。避免顾客投诉。

有必要向顾客说明商品为什么会半价销售。还要说明这些商品绝对没有质量问题。

价格变更处理的程序及注意事项

采购来的商品不按采购发票上的价格销售，而在商品上贴上减价标签，或在出纳的 POS 机上降低价格，或直接废弃时，必须进行价格变更处理。

同样，如果特卖商品或店内促销商品高于采购发票上的卖价销售时，也要进行提高价格的价格变更处理。

① 商品上贴上减价标签

POS 出纳机上会按日期、单品计算，所以输出"打折商品一览表"的话，便可知道哪种商品有多少件打折、折扣为多少。

② 降低 POS 上的卖价

基本上需要计算所有打折商品的卖场库存及库存量，然后填写卖价变更笔记（价格变更处理用）。

③ **废弃商品**

废弃商品需通过 POS 机 或 EOS、EOB 发送至本公司，然后按日期、单品输出"废弃商品一览表"。不能做到这些的店，需每天填写"废弃商品笔记"。

④ **如何重开减价发票**

a. 在减价发票上填写店名、店代码、部门代码、级别、日期、负责人姓名。

b. 根据"打折、价格变更处理笔记""废弃商品笔记"填写商品名称、级别、卖价（发票）变更后的卖价（废弃商品请填写0）、卖价

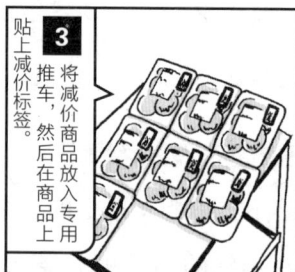

1 早上陈列时要注意将日期较旧的商品往前放，日期较新的商品往里面放。

2 标准，根据减价上贴上商品傍晚时，减价标签。

3 将减价商品放入专用推车，然后在商品上贴上减价标签。

4 将贴有减价标签的商品与没有减价标签的商品分为2列，注意不要将有减价标签的商品临近摆放为2列，隔着陈列，两列间有减价标签的商品分为2列。

5 价格标签要贴在左侧，减价标签贴在右侧，避免二者重叠。

图④　减价环节

142

变更金额。

c.计算出每页纸的卖价变更金额，并填在合计栏内，开发票的人还要盖章。

提升价格的价格变更处理方法

①提升价格的价格变更处理工作需在超市开门营业前或关门后进行。这是因为如果在营业时间段内提升价格的话，可能会发生实际价格与POP价格不符的情况，从而引起纠纷。

在营业时间段内更改的话需先将商品撤回库房，待30分钟至1小时后再将提升价格后的商品拿进卖场。打折时间段结束后将商品提升至原来的价格时，也需要留有30分钟左右的时间。

②清点预计提升价格商品的卖场库存情况及库房库存情况。尤其是特卖结束后的当天，因商品量较大，需要尽快清点。

③填写《价格变更笔记本》（提升价格用），填入商品名称、级别、变更前的价格、变更后的价格、数量等信息。

④提价发票的写法（例）

现卖价98日元

变更后的卖价 148日元

价格变更额

↑ 148-98=50

价格变更金额 =50×10（个）

填写提价发票时要注意不要同减价发票搞混。

价格变更发票

提价

店名		店代码		部门代码				年	月	日

商品名	级别代码	数量	现卖价	变更卖价	变更单价	变更金额	备注
A 公司 酸奶	1234	10	98	148	50	500	特卖结束恢复原价

	变更金额合计	签名		
	500			

价格变更发票

减价

店名		店代码		部门代码				年	月	日

商品名	级别代码	数量	现卖价	变更卖价	变更单价	变更金额	备注
B 公司 饺子	5678	3	198	99	99	297	保质期前一天

	变更金额合计	签名		
	297			

图⑤ 价格变更发票

第 **6** 章

卖场及商品的"卫生"管理

个人的健康管理和仪容仪表

员工进入店里后，一定要换上规定的工作服，其理由如下：

①方便作业。

②防止给周围环境带来污染——人往往是周围环境的污染源。

③给人以洁净感——穿上规定的工作服会给顾客带来安心感。

工作服的颜色一般选用白色、蓝色、粉色等容易看出污垢的颜色。

穿工作服的理由

①方便工作

②突出洁净感→给顾客带来安心感

③防止给周围环境带来污染→人是最大的污染源

防止异物混入的基本对策

为防止异物混入，上衣的基本要求是：没有纽扣，拉链为螺旋式，外侧无口袋。使用螺旋式拉链是因为该拉链的组成部分（链牙部分）是连在一起的，即使在作业过程中拉链掉下来，链牙也不会脱落。

佩戴帽子、三角巾、口罩是为了什么呢？

答案是为了防止头发等的脱落。在食品销售中接到最多的异物混入的投诉就是头发等体毛。在欧美可能不会构成严重的问题，但在日本不同。

每个人平均有 10 万根头发，大概 5 年左右会全部代谢掉，平均算下来 1 天大约要掉 55 根头发。

所以头发必须用帽子遮盖起来，帽子遮不住全部头发的话，要在帽子下面用盘发网将头发罩起来。

工作人员必须在换上工作服后，戴上头套再进入食品加工区。头套的正确戴法是从上往下进行佩戴。

拉链的种类

× 金属拉链如果脱落的话，容易变成异物

○螺旋式拉链即使脱落了，也不容易变成异物混入商品中

耳环

忘了摘下

曾经发生过耳环混入商品中的情况

口罩要覆盖住鼻子吗

原则上口罩不仅要将嘴部遮起来，还要覆盖住鼻子。这是因为鼻子或鼻子下方会存在黄色葡萄状球菌，如果手不经意间碰到了鼻子部位，就会污染到手指。同时，这样也可以防止唾

液的飞溅。

手表、戒指上会积攒污垢，所以严禁佩戴。如果不摘戒指，则要戴上橡胶手套后才能进行加工、烹调操作。

要保持指甲的清洁，为此在剪指甲的时候，要将超出指头部分的指甲剪干净。

要更换鞋子，这是防止将室外的污物带入店内。

从防止异物混入的角度，尽量不要佩戴耳环和耳钉。为了减少异物的数量，圆珠笔、油性笔等也不要用带笔套式的，而要使用按压式的。

最后，在食品加工场所，严禁使用味道很浓的发胶、香水等。

这些仪容仪表上的注意事项，都有非常正当的理由。

诺如病毒和个人健康管理的重要性

你知道食物中毒事故的高发期大概在什么时候吗？

如果你认为是"梅雨季节"或者"夏季"，就大错特错了。

实际上食物中毒事故全年都有发生，其中患者人数最多的时候是 12 月和 1 月。

这是因为，春、夏季节主要是由"细菌"引起食物中毒，秋、冬季节则主要是由诺如病毒引起食物中毒。

诺如病毒主要会导致腹泻和呕吐。通常会在 1–2 天内治愈，再过 2 天就完全恢复了。但身体恢复后马上上班的话会引起问题。

因为大量的病毒实际上会在腹部存活 1-2 周的时间。即使患者表面上看起来已经恢复健康了，实际上反而埋下了隐患。

直到 2014 年 2 月，都没有发现治疗诺如病毒的特效药。即使就医，医生也只是开给病人一些治理肠胃的药剂，没有太大的用处。由于表面上看不出症状，所以必须通过化验排便（学名叫"肠内细菌检查"）来确认是否为"阴性"。

实际上，还存在一些"健康的细菌携带者"，他们虽然没有症状，但体内留有肠管出血性大肠杆菌 O-157、沙门氏菌等细菌。因此，化验排便是非常有必要的。而且如果不让全体人员进行化验，是起不到预防作用的。

开店时进行"个人健康检查"也是非常重要的工作。即使本人没有问题，如果一起生活的家人出现腹泻、呕吐症状的也必须上报。这个对策也适用于应对流感。

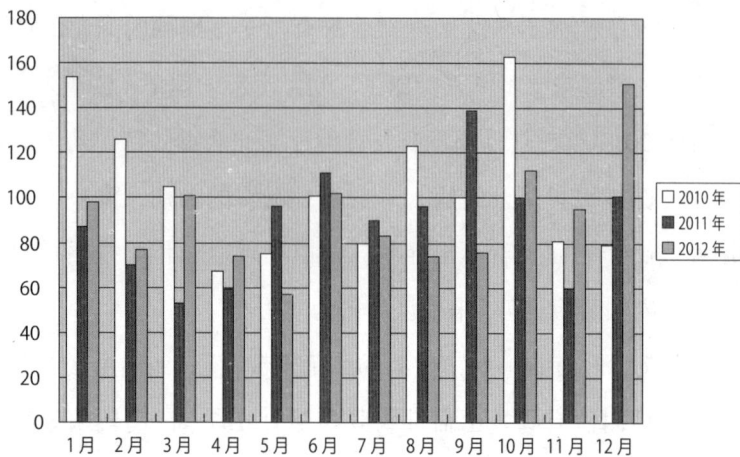

食物中毒事故件数 出自厚生劳动省主页的食物中毒事件一览速报

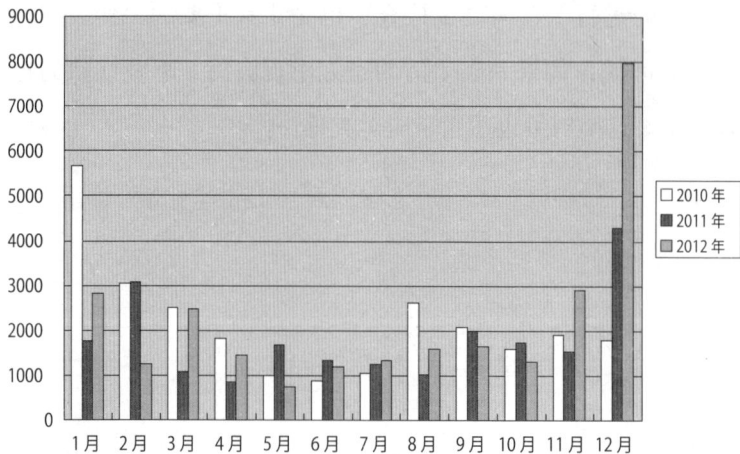

食物中毒患者人数 出自厚生劳动省主页的食物中毒事件一览速报

正确的洗手方法

大家从懂事起就知道要经常洗手，但事实上大部分人并没有掌握正确的洗手方法。

即使是热衷于培训的公司，也很少有公司会从零开始教员工怎么洗手。但是，洗手却是卫生管理的基本。

在应对流感和食物中毒的对策中，最重要的就是洗手。大家要对照迄今为止自己一直采用的洗手方法，确认一下正确的洗手方法。

（1）洗手池上需准备好的东西

①洗手液（固体肥皂是不行的，肥皂带来二次污染的可能性很高）。

②纸巾（不使用毛巾的理由同第①条。用烘手机的话，会使水滴飞溅到四周，不适合面积狭小的加工场所使用）。

③酒精喷雾。

④指甲刷（可以的话要准备2个，分单双日使用，这样的话隔天可以进行杀菌消毒）。

⑤垃圾桶（必须放置在靠近洗手池的地方）。

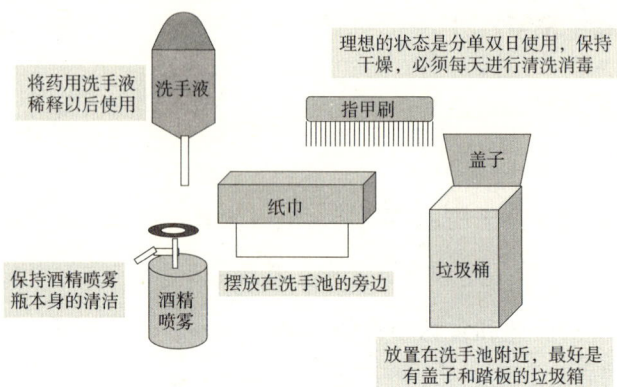

将药用洗手液
稀释以后使用

洗手液

理想的状态是分单双日使用，保持
干燥，必须每天进行清洗消毒

指甲刷

盖子

纸巾

保持酒精喷雾
瓶本身的清洁

酒精
喷雾

摆放在洗手池的旁边

垃圾桶

放置在洗手池附近，最好是
有盖子和踏板的垃圾箱

必备的洗手工具

（2）洗手的基本顺序

①将手淋湿。

②取洗手液并搓至起泡。

③搓洗手背包括褶皱部位。

④搓洗手指之间、手心、手背。

⑤特别容易藏有污垢的大拇指，要用另一只手握住洗。被握着的大拇指要反复弯曲伸直，仔细清洗褶皱部位。

⑥指甲里的污垢不容易洗掉，要用指甲刷轻轻地刷洗（要注意如果太用力的话，皮肤会变粗糙，起到反效果）。

⑦清洗手腕，用另一只手抓住手腕进行清洗。

⑧将洗手液冲干净。

⑨用纸巾擦干水分（为了提高杀菌效果，一定要擦干水分）。

⑩用酒精喷雾喷洒双手，两手互相揉搓。

理想的做法是要清洗到手肘部位，最低要求是要养成清洗到手腕的习惯。洗手要在以下的时间进行：

"开始作业前""休息完后回到工作岗位时""从卫生间出来时""最后工序或者装盘工作以前""处理完肉禽和水产时"。

在休息时或工作结束以后，要用护手霜来保养双手。

公司为防止员工手部粗糙，要准备好不含香料的护手霜。

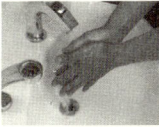

①将手淋湿　　②取洗手液搓至起泡　　③④搓洗手指之间、　　⑤握住大拇指清洗
　　　　　　　　　　　　　　　　　　手心、手背

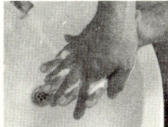

⑥用指甲刷洗指甲　　⑦清洗手腕　　⑧将洗手液冲干净　　⑨用纸巾擦干水分

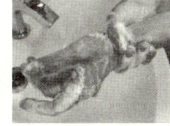

⑩喷酒精喷雾、两手互相揉搓

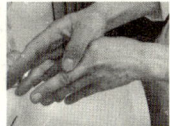

洗手的基本顺序

后备间的卫生管理

在店里工作的员工一般都会清洗案板和刀具，但很少会有人仔细地去看别人是如何进行清洗的。

在对器具的清洗、消毒缺乏监管的店，操作方法上会产生偏差，也有出现错误操作的情况。

对器具类进行清洗消毒的基本方法是什么

下面我们来确认一下清洗频率较高的案板、菜刀等的清洗要点。

（1）要准备的东西

①刷子2个（单双日分开交替使用）。树脂的刷帚也可以，但刷子更方便使用（植物性的刷帚比较容易折断，原则上不可以使用）。

②海绵刷。

③装入专用容器的中性洗涤剂。

④厨用无纺布。

⑤酒精喷雾。

（2）案板的清洗方法

①用流水冲洗案板，冲掉食材残渣。

②控干水分。

③将洗涤剂倒在案板上，以从下往上、从左往右的顺序纵向刷洗，着重清洗菜刀留下的刀痕部分。

④然后按从右往左的顺序横向刷洗。

⑤刷洗四个角落。

⑥反面也要清洗。

⑦冲洗案板正反两面。

⑧去除水分，喷洒酒精喷雾。

⑨开店时清洗的时候，要用厨用无纺布覆盖整个案板，然后用200ppm浓度的次氯酸钠（漂白剂）从上面进行喷洒，然后浸泡20分钟左右。

案板的清洗消毒要点

酒精消毒的要点是要在擦干水分之后进行

清洗要点是要用中性洗剂，沿着刀痕，用刷子进行刷洗

（3）菜刀的清洗方法

①刀刃部分用流水冲洗，冲去较大的食材残渣（基本上在案板上进行）。

②用海绵蘸中性洗涤剂先洗刀柄（手握的部分）。仔细冲洗刀刃和刀柄的连接部分。

③接下来将菜刀放置在案板上，手拿着刀柄部分，清洗刀刃。这时要从离自己最近的一侧向刀刃的方向进行清洗。因为有可能会割到手，所以不要来回擦洗。以这样的方式清洗刀的正反两面。

④拿着刀柄，用流水冲洗。

⑤将生食用的厨用无纺布叠成四层放置在操作台上，将菜刀放在叠好的厨用无纺布上，然后手握着刀柄擦去水分。

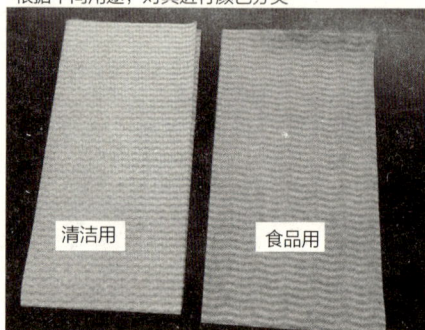

※厨用无纺布是什么
采用人造纤维制造的无纺布，与织布不同，不通过编织，而是通过加热将纤维黏合在一起。很少有混入异物的危险，容易干燥、卫生，因此已经取代了传统的织布抹布。

< 厨用无纺布 >
根据不同用途，对其进行颜色分类

清洁用　　　食品用

⑥用酒精喷雾进行全面喷洒，然后将菜刀放置在菜刀保管间（如果是放在带有杀菌灯的保管间，就没有必要进行步骤⑥的酒精喷洒了）。

刚开始时可能操作起来有些慢，但重要的是要切实掌握正确的清洗方法。

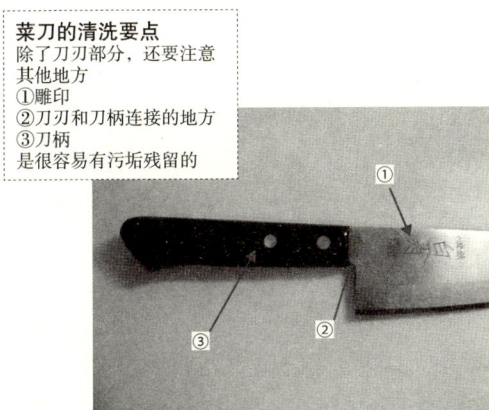

菜刀的清洗要点
除了刀刃部分，还要注意
其他地方
①雕印
②刀刃和刀柄连接的地方
③刀柄
是很容易有污垢残留的

"3S""5S""7S"是指什么

食品"5S活动""7S活动"等是普通被采取的措施。

把表示管理手段的三个词汇"整理（SEIRI）""整顿（SEITON）""清扫（SEISOU）"的日文罗马音标首字母放一起称作"3S活动"。把这个3S活动作为例行活动确定下来，并以此"教育（SITUKE）"员工，以达到保持"清洁（SEIKETU）"的目的，同样取这两个词的日文罗马音标首字母，就成了"5S活动"。

在食品部门，"清扫"又进一步被划分为"洗净（SEIJYO）"和

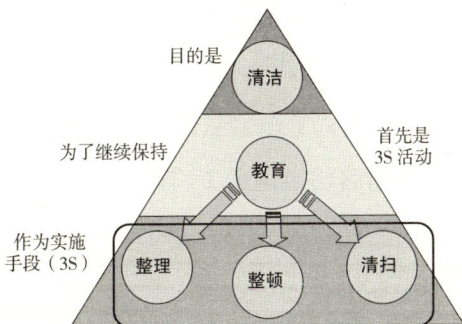

"消毒（SYODOKU）"，这样就成了"7S 活动"。

下面来解释一下作为 3 个活动基础的 3S 活动。

3S →整理、整顿、清扫的首字母

清扫：SEISOU
指打扫干净

①**整理（SEIRI）**

整理：SEIRI
将要的东西和不要的东西分开，丢弃不要的东西

整顿：SEITON
谁都能一目了然（用标签机等来标明也是一种方法）

| 作料调料 | 罐头 |
| 面粉 | 油 |

这是 3S 活动中最重要的一个部分。具体来说就是将所需物品和不需要的物品分开，然后将不需要的物品处理掉。

难以做判断的时候，要制作一个"未整理箱"来收纳物品，并暂时放到别的场所保管起来，如果后阶段用不到的话就做废弃处理。

要养成每个月或换季时定期进行这个活动的习惯。尤其越狭小的加工场所越有必要将此活动放在重要位置来实施。

②**整顿（SEITON）**

这个活动是指要确定好必需品的放置位置和放置方法，并且要在显眼的位置标示其内容。

整顿这个词一般是指"有序整理好"的意思，但还要进一步地在物品上贴上名称卡，让人一目了然。

贴名称卡这项工作刚开始时并不轻松，但从后续工作来考虑，能削减人工费和时间成本，所以很重要。

③清扫（SEISOU）

清扫一般是指为去除垃圾和灰尘而进行的打扫，在食品部门还包括清洗和杀菌工序。

在食品的清洁上，不光要处理肉眼看得到的污物，还要对微生物进行清洗和杀菌。所以不是只用肉眼来判断食材是干净还是脏，还要对食材、员工的手会接触到的地方，按照公司规定的方法进行清洗和杀菌。

卖场与后台的清洁

对于清洁，首先最重要的是不要弄脏。不要将弄脏后的商品拿进卖场。其次，弄脏后要及时清洁。置之不理的话，后面再清洁时可能要花几倍的时间。

商品的清洁

①易脏的卖场为豆腐、魔芋、腌菜、牛奶、饮料等柜台。不要将包装袋或包装盒破裂的这类商品陈列在卖场中。

②要时常清理冷冻食品及冰淇淋等上面结的霜。另外，已经融化过的商品绝不能再销售。

③将陈旧的 POP、价格标签、卡套等换成新的。

通道的清洁

①每天开始营业前要将纸箱、垃圾、清扫用具等放回到指定的地方。

②营业期间如果看到地上有垃圾，要及时将垃圾捡起来。

③发现地上有水且易滑时，自己不要离开现场，而应向周围的同事要清扫工具，然后打扫干净，以确保顾客的安全，无论何时都应将顾客的安全放在首位。

④禁止将瓶装等易碎物品陈列在购物篮易碰到的地方。

冷藏柜的清洁

①清扫冷藏柜需在早上商品较少时进行。清扫货架板、隔板时要使用合成洗涤剂，用刷帚清洗，清洗后用毛巾将其擦干。夹板需每周进行认真清洗。

②冷藏柜里的风扇处，要取下底板，将冷藏柜内的垃圾、泥垢等清除，这时要注意不要让风扇沾上水，还要注意不要堵住排水口。

③吸气口、排气口处的灰尘、污垢等也要进行定期清理。

④荧光灯、荧光灯灯罩也要取下并清洁。荧光灯旧了的话要及时换掉。

⑤镜子、背板部分需用玻璃清洗剂或合成洗涤剂擦拭。

⑥如果是可移动式的平放式冷藏柜，要将冷藏柜移开，然后进行排水处理，特别是吸气口处容易积灰，需特别注意。

⑦注意不要将用完后的促销物品、POP、隔板等放在冷藏柜上面。

冷冻柜（多层式、单层式）的清洁

①将卖场冷冻柜里的商品移至后台或冷藏柜。

②切断卖场冷冻柜的电源，用水或温水除去结霜或冰。

③认真清理排水口处的垃圾、污垢等。

豆腐卖场在摆放货物前的清洁（早上）

1 像豆腐这种水分较多的商品，尤其要注意清洁。可使用清洁剂进行清扫。

2 取下隔板，用抹布仔细清洁。

3 隔板也需要用清洁剂仔细擦干净。

4 最后，对于冷气吹出口、防滑塞、冷藏柜外侧、侧板等显眼的地方每天都要进行清洁。

④用毛巾将水擦干后，接入电源，待冷冻柜充分变冷后再将商品放回原处。

⑤冷冻柜至少应该每个月清扫一次。要有计划地进行，尽量减少卖场库存量。

后台的清洁

①确定账票类、发票、各类材料、促销物品等的保管场所，将固定物品置放在固定的位置。

②定期清理冷藏柜、冷冻柜、常温食品保存柜等，确保无不必要的库存。

③商品一定要

162

放在篮筐内，以保证随时可移动。

④将暂时用不到的篮筐折叠起来，放在固定的位置。

交货时验货的重要性

生鲜食品的重点是"新鲜度"。必须保证食材本身没有问题。为此在到货时要注意产品的质量检查。

需要确认的事项有"包装外形""商品的外观、新鲜度""数量、重量""温度""时间"等。下面就以上各项进行说明。

①确认包装外形

进货时要确认包装箱、泡沫苯乙烯箱、周转箱。包装箱等湿掉或破损的话，即便商品在外观上没有问题，也要提交报告。

包装箱湿掉的话，意味着包装箱曾被放在屋外进行了作业或其他商品漏水漏到了上面。这时水有可能漏到了商品上，所以要督促供货方今后注意改进并做报告。

包装箱破损时也一样。这时即便商品没有什么问题，也说明货物没有被认真对待。

折叠式周转箱的外观如果非常脏，或上面贴了好几层分类标签等的话，需提醒供货方注意改进。

对这些基本注意事项不在意的供货方要引起注意。

②检查食品的外观、新鲜度

对于变色或渗漏出很多液体的食材，原则上应要求退货。可能有些店会以"降低成本"的条件收下这批货，但

①注意外包装
例如
　　a. 纸板箱是否变形
　　b. 是否有被雨淋的痕迹
图例

从长远的角度来看，这种做法不可取。虽然不一定所有商品都达到了退货的标准，但原则上还是要退货。

货物中明显混杂有不同品质（如西红柿的色差），不同等级（大小、形状的差异）的商品也是问题，要以换货、退货为前提进行交涉或上报。

③**确认数量、重量**

这是验货的基本。对照发票内容对交付的货物数量、重量进行检验。

为此，交货场所要备好能称100kg货物的秤。

检查重量的时候可以不用检查所有货物的重量，但要进行抽查，这一点很重要。

④**确认温度**

要在发票或交货单上填写冷藏商品（一般冷藏商品为10℃以下，冷冻商品为−15℃以下）在交货时的温度为多少。冷冻食品有融化现象的话要退货。

夏季、冬季的时候冷藏、冷冻商品以外的商品也要进行温度抽查。这样可以了解供货商的商品管理水平。

现在有一种放射性温度计，这种温度计不用直接接触商品就可以测出温度，且用不到1万日元就能买到，店里至少应该准备1支。

⑤**确认时间**

对有加工日期、最佳食用期、保质期的商品，在交货时务必要进行确认。

检查商品时，离期限所剩天数不多的商品，要换货或退货。如果商品本身没有问题，可根据规定进行降价交涉。

最后来确认一下公司基本的内部应对措施。

如果交付时出现以上问题，应尽快向上司汇报，或联系商品部。上司休假不在的话，应迅速联系供货方。

对于那些反复出现问题，并不积极改进的供货方，应对其进行重新评估。

②确认数量和重量

参照票据，进行验货

用秤检查重量

③确认温度

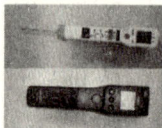

带有中心温度计的放射温度计（左上）
红外温度计（左下、右）

收货时，用于检测商品的温度

166

第 **7** 章

法令遵守及"标识"的原则

日配品标识相关法律及其原则

食品标识的作用

标识是顾客在选购、安全使用（烹饪、食用）、正确保存食品（商品）时，所必需的信息。也是对包括柜台和各个流通过程中的商品进行妥当管理时所必需的信息。

在标识中，既有以生产商、销售商等卖方想要传达的信息为主体的任意标识，也有法律规定的义务标识。义务标识从"公共卫生"和"消费者的食品选择"等方面来看是必要的内容，所以，缺少规定标识的商品是禁止出售的。

日配品是一种从室温到冷藏，再到冷冻保存等，范围十分广泛的加工食品。

从业人员需要正确理解食品的包装、包装箱等外部包装的标识，及交货单、其他账单上记载的品质信息，努力做好商品管理。

食品标识的法律

按照食品标识相关法律的目的，大体上可分为两类。

①制定标准，对标识进行规定

主要的法律有食品卫生法、与农林作物的规范化及品质标识的正当化相关的法律（通称 JAS 法）、促进健康法、计量法、牛肉可追踪法等。

②去除标识不当、不正确的商品

代表法律有赠品标识法（防止不正当赠品与不正当标识法）、防止不正当竞争法、医药法等相关法律。

食品标识法的制定

日本政府 2013 年 6 月 28 日颁布了《食品标识法》。该法是从食品卫生法、JAS 法、促进健康法这三部法律中将关于食品标识的部分抽出，汇总而成的一部法律，于 2015 年 6 月起施行。食品标识法施行以后，曾经遵从上述三法的标准将会转变为基于新法的食品标识准则。

标识样式的统一

义务标识，是商家在消费者选购、使用商品时所提供的必要信息。为防止误读和误认，需要用易看的文字（印刷字体）来概括，同种商品使用同种样式来标识。

日配品的标识方法，是以加工食品品质标识基准所明确的统一标识样式为基础，设定出多个业界统一使用的标识规则（与标识相关的公正竞争规章）。

生鲜食品与加工食品在标识上的区别

生鲜与加工食品在标识上的区别如下：

JAS 法规定，生鲜食品的标识中必须包括"名称""原产地"。

加工食品则必须包含"名称""原材料名""原料原产地名（仅限部分商品）""净含量""期限标识""保存方法""原产国名（仅限进口商品）""生产商名"等。

生鲜食品的标识

菠萝切片　产自菲律宾			
保质期	生产年月日	保存方法	♻ 塑料制品
2011.10.10	2011.10.9	10℃以下	
‖‖‖‖‖‖‖		商品价格（日元）	
		198	
生产商　　○○股份有限公司			
○○省○○市○○町○番地○番○号			

· 标识项目
名称
原产地
加工年月日
条码

· 标识项目
名称
原材料
添加物
原料原产地
内容量
保质期
保存方法
生产厂家
过敏物标识
加工年月日
条码

加工食品的标识

多种水果拼盘			
菠萝（产自菲律宾）、哈密瓜（产自墨西哥）			
保质期	生产年月日	保存方法	♻ 塑料制品
2011.10.10	2011.10.9	10℃以下	
‖‖‖‖‖‖‖	净含量	商品价格（日元）	
	一人份	**258**	
生产商　　○○股份有限公司			
○○省○○市○○町○番地○番○号			

标识相关法律基础知识

食品卫生法

为了保障食品安全的标识。

●目的

食品卫生法的目的是防止由饮食引起的危害（食物中毒等）。所以商家必须在必要的商品上进行必要的标识。

标识的内容是以日本食品卫生法为依据的以下2条内阁政府条令确定的。

①标识基准政府条令（基于食品卫生法第19条第1项规定的关于标识基准的内阁政府条令）对象为全部食品。

②乳制品等标识的基准政府条令（基于食品卫生法第19条第1项规定的关于奶、乳制品及以此为主要原料的食品的标识基准的内阁政府条令）对象为奶、乳制品类。

●标识事项

·全部食品——名称、食品添加剂、最佳食用期、保质期、保存方法，生产商等的所在地及生产商等的名字、名称，可能引起过敏的物质。

·个别食品——基因重组、杀菌方法、水活性、PH 值、主要原材料等。

JAS 法

JAS 法是关于农林作物规范化及品质标识正当化的法律。方便顾客选购商品的标识。

●目的

其目的有 2 点：①设定与食品品质、生产方法相关的规范（日本农林规范——JAS 规范），旨在将食品品质、生产、交易合理化；②设定以除酒类外的零售商品（包含部分业务用食品）为对象的"品质标识基准"，以标识出方便消费者选购食品的信息。

●品质标识的基准

各类食品（商品）共通的标识规则，加上"生鲜食品品质标识基准""加工食品品质标识基准""转基因食品品质标识基准"这 3 个基准，再加上"水产品""糙米和大米""香菇"等个别生鲜食品、加工食品共 45 个品种的个别品质标识基准。

●标识事项

·全部加工食品——名称、原材料名、净含量、最佳食用期、保质期、保存方法、生产商的名字（或名称）及厂址。

·个别加工食品——原料原产地名、转基因标识、原产国名（进口商品）、使用方法、固体物含量、内容物总量等。

·生鲜食品——名称、原产地（计量法规定的特定商品还必须标明分量、销售商名称及地址）。

计量法

进行分量标识的基准。

●目的

本法是一部以制定计量基准、确保正确计量为目的的法律。为确保计量值的可信性，本法规定了对按照计量（分量）单位进行交易的商品而言必需的事项。

●特定商品

规定了按照计量单位（分量）进行交易的主要消费生活物品为"特定商品"。食品中包括生鲜、加工食品在内的共23种被列为对象，规定了标识出的分量中被允许的误差（公差），以及在密封包装时必须按照法定的计量单位进行分量标识的商品。

※ 按照规定，密封包装时必须标识分量的商品，同时还要标识出销售商的名称及地址。

●计量工具的精度管理

用法定的计量单位为食品标识分量，或在店面进行称重并出售的时候，商家应该按照规定努力管理好计量工具的精度，进行正确的分量标识和计量。

促进健康法

将有益于健康管理的营养标识制度化。

●目的

为促进国民健康制定的基本措施。制定了与食品标识相关的营养标识基准、保健功能食品及特别用途食品的标识制度。

●营养标识基准

制定了在进行与营养成分、营养成分的功能性相关的标识时必须遵守的基准。

●特别用途标识

既有限定了对象的狭义的具有特别用途的标识，也有将不特定人群作为对象的广义的用途标识。该标识必须经过消费者协会的认可，出售时必须印上许可标志。

限定了对象层面的特别用途的标识食品包括病人用、孕妇用、哺乳期妇女用、婴儿用、吞咽困难者用等食品，没有限定对象层面的食品包括特定保健用食品（通称特保）。

※ 特定保健用食品可以标识与有效成分配合的特定保健用途，但不可标识功能或效果。

特别用途食品许可标志 在"区分"栏中标识用途

174

赠品标识法（防止不正当赠品与不正当标识法）

杜绝不正当标识。

●目的和适用范围

赠品标识法的目的不在于为标识制定规定，而在于排除不当标识。其对象为面向一般消费者的全部商品及服务。不局限于商品上的标识，POP、宣传单等也是其管制的对象。

赠品标识法将下列情况视为不正当标识：

·优劣误导标识——与实际的商品或实际的情况不符，让消费者误认为该商品比其他商品更优良，从而诱使消费者进行消费的标识（其对象为商品的品质、规格）。

·利益误导标识——同等价格的交易条件下，谎称对消费者更有利，与事实不符，使消费者误认为该商品比其他商品更有利，从而诱使消费者进行消费的标识（其对象主要是双重价格）。

·消费者协会指定的标识——对于原产国、不含果汁的清凉饮料等，如果认为是不正当标识，要进行通报。

主要标识事项及其与法律目的的关系

　　食品标识所必需的内容，根据法律、食品种类、商品形态等也有所不同。加工食品标识的基准为由加工食品品质标识基准规定的统一标识样式。

统一标识样式

名称 （品名、品种类别）	
原材料名	
（原料原产地名）	对象包括 26 个品种
净含量	
（固体物含量）	仅用于对象品
（内容物总量）	仅用于对象品
最佳食用期（保质期）	
保存方法	
（原产国名）	进口商品
生产商、地址	

●名称

　　指能够将该食品正确表示出来的一般的食品名称。包括表示食品品种类别的标记。食品卫生法、JAS 法共通的事项中，也将其称为"品种类别"或"品名"。

　　·名称的作用

　　其主要作用是为向消费者传达食品的内容，帮助消费者理解名称标识的意义，并更好地使用商品。

基于食品卫生法的名称标识

食品卫生法从卫生的角度为食品的类别品种等设定必要的规格和基准。以求从生产到销售的全部过程中对食品性质采取相应的适当的行动。标识名称及品种类别，不仅对消费者有益，对卫生部门来说也有助于其进行食品监管。

（例）冷冻食品的标识

按照规定，冷冻食品必须保存在零下15℃以下。标识"冷冻食品"的食品在交到顾客手中之前，卖方有义务将商品温度保持在零下15℃以下。将商品暂时放置在过道上而使其温度上升的行为在法律上是被严令禁止的。

·名称标识的要点

①食品名称已经确定，确认其不会与其他食品混淆。

②对被个别品质标识基准规定了名称的食品要使用已规定好的名称。

③对于符合JAS法的名称，如果不能满足食品卫生法的基准，则要使用同时符合两部法律的标识。

（例）基于烹饪冷冻食品标识基准，在名称一栏中写了"冷冻水煮乌冬面"。

为使其成为符合食品卫生法基准的冷冻食品，就必须写上"冷冻食品"。所以可以写作"冷冻食品 水煮乌冬面"或"冷冻食品 冷冻水煮乌冬面"，抑或是在标识框上方附上"冷冻食品"的字样。

●原材料名

·JAS法

从方便消费者选购的角度来看，规定必须对加工食品中包括食品添加剂在内的全部原材料名称都进行标识。

177

原则上来说，需要对食材（包括调味料）和食品添加剂进行区分，并将区分后的各个种类按照其添加分量由多到少的顺序进行排列。

· 食品卫生法

从公共卫生的角度来看，原材料名的标识仅限于罐头食品。基于容器包装加压加热杀菌食品的生产基准，罐头食品必须杀灭来自原材料的微生物。

主要原材料是指，肉类（养殖、野生、鸟类、鲸）、海鲜类、蔬菜、水果。从商品名称可知主要原料的情况，如果在说明书中写了原材料名称，则不需要另外标识。

· 原材料的原产地和商品的原产国名

与原材料相关的标识中有"原料原产地名"。进口商品必须进行"原产国名"的标识。了解这两点的不同有助于区别将进口原料在日本国内加工的食品和完全进口的食品。

● 净含量（分量）

作为一项方便消费者从经济角度选择食品的指标，JAS 法和计量法对该标识进行了规定。

· JAS 法

从方便消费者选购的角度来看，规定原则上必须将所有容器包装加工食品作为净含量标识的对象。

·计量法

从保障在交易中进行公平计量的角度来看，将按照计量单位（分量）出售的主要食品作为对象制定了分量公差。规定必须进行基于法定质量单位的标识。

·标识方法与省略

原则上，净含量的标识必须使用计量法所规定的质量单位（g、ml等重量、容积单位），除计量法规定的特殊商品外，难以标识质量时，按照个数或分量（一顿、一人份等）来标识也是被认可的。

●有效期标识

有效期标识是与保存方法相配合的，其前提是按照标识出的温度进行保存。

根据食品卫生法、JAS法，有效期标识对于食品安全、选择、正确使用来说是必不可少的信息，必须进行标识。

·最佳食用期

指在没有开封的状态下，按照标识出的温度进行保存的情况下能够安全食用的期限。

开封后，或没有按照标识出的条件进行保存的话，可食用期限会发生改变。

·保质期

其对象多为品质恶化缓慢、保存时间较长的食品，所以即使过了保质期其可食用期限仍有剩余的食品有很多。

·商品有效期的日常管理

是卖场日常管理中最基本的工作之一。在日配卖场中，保质期长短不一的商品混杂在一起，看漏、看错的情况时有发生，要特别注意。

●保存方法

指从工厂出库到消费的全部流通过程中，保证食品品质和卫生所必需的保存温度。

与有效期标识相配合，作为确保食品安全性，及对于消费者在选择、购入商品后正确使用来说是必不可少的信息，食品卫生法、JAS 法这两种法律对该标识做出了规定。"要冷藏（通常在10℃以下）""要冷冻（-15℃以下）""避免阳光直射常温保存"等标识，要明确写出温度条件。如果为常温保存并无特殊注意事项，可以省略该标识。

●生产商、生产地址

由于食品卫生法、JAS 法两种法律的目的不同，它们各自所规定的标识的观点也有所差异。

·食品卫生法

当食物中毒等危害发生时，必须迅速确定生产、加工导致中毒的食品的工厂，以防止危害进一步扩大。为此，必须标识出生产商和加工厂所在地，及生产商和加工厂的名称。

另外，对于使用生产商名和所在地的固有记号进行标识的，还有例外标识制度。

· JAS 法

从方便消费者进行食品选购的这一角度来看，规定必须标识出该标识负责人的姓名、名称、地址。

通常是指生产商、制造商，也可标识销售商；地址不用工厂所在地而是使用本公司所在地也可以。这一点与食品卫生法不同。

但出售商品时必须同时满足食品卫生法和 JAS 法的规定。

生产商固有记号标识的含义

指将生产商本公司各地工厂或销售商委托的生产工厂，用消费者协会指定的记号表示，在商品上标识出非工厂所在地而是生产商本公司所在地或销售商公司本公司所在地的制度。

(例1)本公司在东京都的生产商在大阪市工厂生产的产品的标识

生产者 A食品(株)大阪工厂 大阪市××区… ←标识厂址

用大阪工厂的指定记号 "ABC" 来写

生产商 A食品(株) ABC 东京都△△区… ←标识本公司(例外标识)

(例2)本公司在东京都的(株)商店B将商品委托给A进行生产，在A公司的大阪工厂生产的商品的标识

商店B和A公司联合指定的大阪工厂的记号为 "BCD"

销售商 (株)商店B BCD 东京都××区…

※牛奶·乳制品不能使用例2中的销售商名称、固有记号来标识(只能使用例1的方法)。

各类食品的标识

豆腐

标识要基于"加工食品品质标识基准""表示基准政府条令"进行。

绢罗豆腐的标识实例

名称	绢罗豆腐
原材料名	大豆（加拿大）（非转基因）、氯化镁（卤水）、甘油脂肪酸酯
净含量	300 克
保质期	请在 10℃以下保存
保存方法	见正面右侧
生产商	××食品股份有限公司 东京都大手街×条×番地

标识原料大豆的原产地名时，要基于"关于豆腐、纳豆原料大豆原产地的指南"来进行。（原料原产地名的标识不作为规定标识）

◇原材料名

原料分大豆和添加剂，根据其使用量由多到少的顺序分别来写。

原料只有圆大豆的情况下标识为"大豆"或"圆大豆"，混合使用了脱脂大豆的情况下，按照大豆、脱脂大豆的使用量由多到少的顺序来写。

用于凝固的食品添加剂要用"物质名""概括名""概括名与物质名并记"中的一种来标识。

※ 通常，凝固剂为一种物质时记为物质名，使用混合制剂的情况下仅用概括名（凝固剂、豆腐用凝固剂），或凝固剂（○○、××）这样将概括名与物质名并记来表示。

※ 卤水的标识：只允许将氯化镁、粗海盐氯化镁（含有氯化镁）标识为"卤水"。

卤水从古代就作为豆腐凝固剂使用至今，但作为食品添加剂，标识中不是用卤水而是用粗海盐氯化镁（含有氯化镁）来表示。卤水的主要成分为氯化镁，所以也可以将氯化镁标识为"卤水"。

◇名称

标识出木棉豆腐、绢罗豆腐、填充绢罗豆腐、寄席豆腐及其他为人们熟知的豆腐名称。

·木棉豆腐：用热水从大豆中将蛋白质等可溶成分抽出，在抽出的东西（豆浆）中加入凝固剂，然后放在箱中使其凝固，再将凝固后的东西打碎，移到定型箱中，挤压、成型之后便是木棉豆腐。移到定型箱之前，抽出来的便是"寄席豆腐"。

·绢罗豆腐：将豆浆和凝固剂放入定型箱中混合，使其成熟，整体凝固呈胶状后便是绢罗豆腐。

·填充绢罗豆腐：先将豆浆冷却，再混入凝固剂，放入包装容器中密封后煮沸，然后将其整体凝固程胶状后便是填充绢罗豆腐。

◇转基因食品标识

豆腐作为拥有标识义务的对象商品，其原料大豆是转基因品种，或不分转基因、非转基因品种时，都要用文字表示出来（必须）。当原料大豆仅为非转基因品种时，是否标识由经营者决定。

腌菜

标识应基于"加工食品品质标识基准""标识基准政府条令""农产品腌菜品质标识基准"施行。

腌白菜的标识实例

名称	腌白菜
原材料名	白菜、腌制原料（食用盐、果糖葡萄糖浆、酿造醋）、调味料（氨基酸等）、酸化剂
原料原产地名	日本产（白菜）
净含量	200g
保质期	年　月　日
保存方法	请在 10℃以下保存
生产商	××食品股份有限公司 东京都大手街×条×番地

◇名称

使用腌菜品质标识基准所规定的名称进行标识。腌菜的名称上还要加上腌渍及能表示出腌制方法的词语。

· 暴腌咸菜（腌制时间为一晚的腌菜）

根据腌菜卫生规范（基于食品卫生法的指导准则），暴腌咸菜的定义如下：

将新鲜蔬菜（包括用水短时煮过的）用食用盐、酱油、氨基酸液、食醋、酸化剂等调味，放入酒糟、糠等腌渍短时间的食品。该食品需低温保存。

大部分的暴腌咸菜在 JAS 法中可与腌咸菜对等。

◇原材料名

原材料（食材）应与腌渍的原材料（调味料）、食品添加剂分开标识。

◇原料原产地

以日本产腌菜为对象，标识农产品原料、水产品的原产地。

可作为对象的原材料必须是含量比重最大的前 4 位（净含量在 300g 以下的取前 3 位），并在原材料的重量中占 5% 以上的材料。

◇净含量

用克、千克标识除液体调味料和固体调味料以外的固态物的总重量。

此外，关于净含量的标识，能够通过切割、切片进行净含量管理的腌菜中，除下列所示外，能够从有关分量的标识或外观上明确其内容物的话，该标识可以省略。

・必须根据重量进行标识的腌菜（不能省略标识的腌菜）

什锦八宝酱菜、腌萝卜、芥末腌菜、腌山珍、醋腌藠头、腌梅、梅干、调味腌梅、调味腌梅干、醪糟腌菜，及切片、切丝、切块的腌菜。

面条类（冷藏面食）

该标识基于"加工食品品质标识基准""标识基准政府条令""有关生面条标识的公正竞争规章"施行。

水煮乌冬面的标识实例

品名	水煮乌冬面
原材料名	小麦粉、食用盐
净含量	200g
保质期	××年××月××日
保存方法	请在 10℃以下保存
使用注意	开封后请尽快食用
生产商	××食品股份有限公司　大手街工厂
	东京都大手街×条××番地

生荞麦面的标识实例

品名	生荞麦面
原材料名	小麦粉、荞麦粉、山芋粉、食醋、食用盐、加工淀粉

◇名称

在乌冬面、鸡丝面、过水面、荞麦面、中华面等一般名称上加上生、煮、蒸、半生、油炸等名称。

・荞麦面的名称

"荞麦面"是指荞麦粉占 30% 以上，小麦粉占 70% 以下的

186

混合型面条。

· 乌冬面和荞麦面的区别

将水加入小麦粉中揉和，小麦粉中的蛋白质会变成富有弹力和黏性的面筋（麸）这种集合体。利用这种作用将揉好的带状面团切成线状的面就是乌冬面（就是我们所说的面条）。

另一方面，因为荞麦粉不含面筋，只用荞麦粉是难以揉出面条的，所以通常会添加一些小麦粉。五成荞麦面、八成荞麦面等商品名就是对荞麦粉所占比例做了标识。此外，也可以添加一些山芋粉。

· 二八成荞麦面

指小麦粉占二成、荞麦粉占八成的荞麦面。说起为什么将所占比例少的小麦粉放在前面叫作二八分，就要追溯到这个名称起源的江户时代了。关于这个有很多种说法。（当时荞麦面的价格是 16 文钱，为了双关押韵；由于当时的配比就是荞麦面占二成等）

◇原材料名

将添加剂以外的原材料和添加剂进行区分，按照配比重量由多到少的顺序进行标识。

和酱汁、工具等成套的商品，应分成面、酱汁、工具这三种，按照它们在全体中所占重量由多到少的顺序，分别对包括添加剂在内的原材料进行标识。

例 【面】小麦粉、淀粉、食用盐……

【酱汁】酱油、糖类……

◇净含量

对于面、汤料、工具配套的产品，应分别写出总重量、面重量、配套品的重量。也可只标识"面重量××克"，省略汤料、工具等的重量。

·商品正面的标识事项

①与商品名相近的"品名""生、煮、蒸、半生等类别"应用 26 磅以上的印刷体来标识。"生"之类的单个字应用 34 磅以上的印刷体来标识。（在商品名中，如果使用的词句在指定规格以上的可以省略）

②"要冷藏"等词句：用 15 磅以上的印刷体来标识。

※ 关于荞麦面，如果要标识"生荞麦面"，日语中因为和只将荞麦粉作为原料的"生荞麦面"不好区分，通常用平假名来表示。

此外，现在一般把只将荞麦粉作为原料的产品标识为"十成荞麦面"，或"全荞麦面"。

鸡蛋（可生吃的带壳蛋）

食品卫生法（标识基准政府条令）对鸡蛋名称、生食/加热加工的区别、保质期标识、保存方法、生产商（或包装者）名、食用方法的标识分别做了规定。JAS法（生鲜食品品质标识基准）主要对鸡蛋名称、原产地的标识做了规定。

另外，鸡蛋重量和大小的标识是依照"鸡蛋规格交易纲要（农林水产部发布）""有关鸡蛋标识的公正竞争规章（对象为可生食鸡蛋）"进行的。

袋装鸡蛋的标识实例

名称	鸡蛋（可生食）
原产地	日本产
保质期	年 月 日
生产商	××省××市××街××番地××养鸡场
保存方法	购买后请保存在冰箱（低于10℃）中
食用方法	可在保质期内生食，过了保质期以后，或蛋壳出现裂痕的话，请尽快在充分加热后食用

农林水产部规格（鸡蛋重量）
M
58g ~ 64g
计算鸡蛋重量责任人 ××××

◇名称

可表示为鸡蛋、营养强化蛋、鸡蛋（营养强化蛋）等。

◇关于生食

189

用"可生食"表示。

※ 不能生食的应注明"加热加工食用"。

※ 如已注明"生食的话请在保质期内……"等食用方法，则视为已注明可生食。

◇原产地

"日本产"或用人们所熟知的地名来标识。

※ 如果已经标识出生产商名（养鸡场名）及其地址，则可省略原产地。

◇有效期标识

应标识出可生食鸡蛋的保质期。（加热食用的鸡蛋：标识出产蛋年月日、拣蛋年月日、筛选年月日、包装年月日，以代替保质期的标识）

◇保存方法

可生食的鸡蛋应标识出"购买后请尽量保存在低于 10℃的冰箱中"的字样（加热加工食用可以省略）。

◇生产商名称的标识

应标识出生产商或筛选者的姓名、名称、地址。

（标识筛选包装者的实例）

筛选包装者　×× GP 中心

××省××市××街××番地

※GP 是"Grounding&Packing"的略称，意为筛选包装。

◇使用方法

生食的情况下，应在保质期内食用。过了保质期的话，必须进行加热处理是其标识的要点。

◇农林水产部门规定的标识（任意）

基于鸡蛋规格交易纲要（日本农林水产部发布），应标识出鸡蛋重量的规格及其重量范围。

※鸡蛋规格是基于农林水产部发布的"关于禽畜产品价格稳定的法律实施细则"确定的，不同重量的鸡蛋被分为 SS～LL 共 6 种规格，分别对应不同的重量区分（鸡蛋的重量范围）。鸡蛋规格交易纲要将其作为交易规格（袋装鸡蛋规格），用于规定零售用的袋装鸡蛋等的标识。

SS（40g～46g）、S（46g～52g）、MS（52g～58g）、M（58g～64g）、L（64g～70g）、LL（70g～76g）

※农林水产部规定的规格品以外的，均应标识出鸡蛋的重量规格、重量范围、净重。

牛奶类饮品

牛奶、乳制品类只能用依照食品卫生法（关于牛奶及乳制品的成分规格等的部门条令：乳制品部门条令）规定的名称来标识。

根据乳制品标识基准政府条令等诸多法律设置的业界规章"关于牛奶类饮品的公正竞争规章"的规定，有统一的标识样式。

※ 对于标识的公正竞争规章，现主要设置了以下 5 个种类。

"饮用牛奶""发酵乳、乳酸菌饮料""杀菌乳酸菌饮料""天然奶酪、加工奶酪、奶酪食品""冰淇淋类"。

◇品种类别名称

使用乳制品部门条令规定的名称来标识。

牛奶类饮品的名称有牛奶、特别牛奶、成分调整牛奶、低脂牛奶、脱脂牛奶、加工乳制品这 6 类，不能用其他名称来标识。

※ 牛奶的原料只有纯牛奶。

※ 加工牛奶：以纯牛奶、牛奶类、奶油、黄油（无盐）、乳粉等其他乳制品材料为原料，使用了水及添加剂的乳制品。

不能用于乳制品以外的其他食品。

使用了添加剂或其他食物的牛奶只能标识为"乳饮料"。

◇商品名

容易让消费者对牛奶的品种和类别产生误解的商品名，比如加工乳制品使用"××牛奶"的商品名，这样的做法是被明令禁止的。

可以将"牛奶"作为商品名的只有原材料仅为纯牛奶的

商品。

◇乳脂成分及无乳脂固体成分

下限值用 % 来表示。

※ 无乳脂固体成分是指将牛奶中的水分和脂肪除去后剩下的成分，能够标识为牛奶的只有无乳脂固体成分在 8% 以上、乳脂成分在 3% 以上的产品。

◇原材料名

用 "100% 纯牛奶" 表示。为了让消费者明确牛奶是原材料仅为纯牛奶的商品，标识公正竞争规章做了上述规定。

◇杀菌

应标识出杀菌温度和杀菌时间（基于食品卫生法）。

◇净含量

基于计量法应用 ml 进行标识。

◇开封后的处理方式

应标识出"开封后请尽快食用"或"开封后请保存在 10℃以下"。

◇生产地址及生产商

生产商是义务标识，不能使用销售商来标识。

◇公正标志

如果生产商是牛奶类饮品标识公正交易议会的会员，应在商品上注明商品是基于公正竞争规章进行品质标识的商品，并将"公正"标志放在标识区域内。

牛奶的标识实例

品种类别名称	牛奶	
商品名	超市牛奶	
无乳脂固体成分	8.3% 以上	
乳脂成分	3.5% 以上	
原材料名	100% 纯牛奶	公
杀菌	130℃ 2秒	正
净含量	1000ml	
保质期	见上部	
保存方法	请在 10℃ 以下保存	
开封后的处理方法	开封后请尽快食用	
产地	东京都千代田区大手街 × 条 × 番地	
生产商	× × 乳业股份有限公司　大手街工厂	

切片面包

标识应依照"加工食品品质标识基准""面包类食品品质标识基准""标识基准政府条令""关于袋装切片面包标识的公正竞争规章"进行。

切片面包的标识实例

名称	切片面包
原材料名	小麦粉、糖类、人造黄油、脱脂奶粉、酵母、食用盐、乳化剂、发酵食品（部分原材料包含大豆）
内容量	6 片
保质期	×× 年 ×× 月 ×× 日
保存方法	避免阳光直射，保存在低温干燥的环境中
生产商	×× 食品股份有限公司 东京都大手街 × 条 × 番地

1 斤 6 片。1 斤在 340 g 以上

◇名称

切片面包、点心面包、普通面包等，应将面包的类别名称标识出来。

◇面包种类的区分（根据面包类食品品质标识基准）

①切片面包：放在面包模型（长方体或圆柱体形状的模具）中烤制而成，含有 10% 以上的水分。

※ 面包坯是指以小麦粉或加入了其他谷物粉的小麦粉为原料，然后在面粉中加入酵母，或加入水、食用盐、葡萄等水果、蔬菜、鸡蛋及其加工品、砂糖类、食用油脂、牛奶及乳制品等材料进行揉和，发酵而成的食品。

※ 切片面包的代表形状是方形（普尔曼面包）、山形（圆顶面包）、整条面包。

②点心面包：将豆沙、奶油、果酱、食用油脂等加入面包中包起来或夹起来，烤制面包的过程中再在上面加上面包以外的东西，或在烤好的面包上将蛋糕类、果酱类、巧克力、果仁

儿、砂糖类、面糊、人造黄油类、食用油脂等奶油状的材料夹入、涂上制成的面包。

③其他面包：经过烤制的普通面包但不属于切片面包类的面包。在名称栏中用"面包"来标识。将普通面包切割、塑形烤制而成的面包标识为"切割面包"。

◇原材料名

将原材料按照所占重量由多到少的顺序进行标识。

※ 特殊添加剂以及添加剂以外的原材料，按照配比重量由多到少的顺序进行标识（根据面包类食品品质标识基准）。

◇净含量：对面包的数量（片数）的标识。数量为 1 时可以省略。切片面包可以用重量来标识。

◇保证净含量的标识

·根据"关于袋装切片面包标识的公正竞争规章"，其对象为切片面包。

·基准为斤，可用"1斤""1.5斤""9/10斤""3/4斤""半斤"等进行标识。

·用斤来标识时，需要对"斤"所表示的内容进行说明，例如"1 斤在 340g 以上"等。

对个别标识事项的解说

过敏标识（食品卫生法）

●过敏标识制度

过敏标识是指在生产加工食品时使用的原材料中如果含有容易引起人的过敏症状的抗原性蛋白质，应对其进行标识的制度。标识基准政府条令规定包装加工类食品必须进行该项标识。

食物过敏症状从较轻的瘙痒、红疹到较重的昏厥等因人而异，甚至还有致死的情况。正确进行过敏标识是标识管理中最重要的一项工作。

此外，法律规定，没有标识义务的店内加工的散装、批发食品，及街边摊点提供的食品，最好能通过 POP 等提供过敏信息。

●过敏标识商品的对象种类

过敏物质因人而异范围广泛，现在共有 27 种食品作为标识对象。

其中的 7 种，因过敏症状实例较多，且症状十分严重，日本内阁政府条令规定将它们作为"特定原材料"进行标识。

·特定原材料（下列 7 种食品必须标识）

鸡蛋、牛奶、小麦、荞麦、花生、虾、螃蟹。

·非正式特定原材料（包括下列 20 种食品）

鲍鱼、鱿鱼、鲑鱼子、橙子、腰果、猕猴桃、牛肉、核桃、芝麻、酒、青花鱼、大豆、鸡肉、香蕉、猪肉、香菇、桃子、山芋、苹果、明胶。

●过敏物质的标识方法

可在原材料名一栏中标识，但日本政府鼓励在原材料名一栏以外，用易懂的形式进行标识。

①原材料名和特定原材料名相同。如果从原材料名可以推断出特定原材料名，可以不进行过敏物质名称的标识。

②如果从原材料名不能推断出特定原材料名，则应该在原材料名后面用括号标识出（含有 ×× ）的字样，或将各原材料中含有的特定原材料总结在一起，在标识区域的最末尾用括号标识出来。

添加剂中包含的特定原材料也在标识对象的范围内。

●其他注意事项

没有对原材料进行充分确认或在生产过程中没有防止过敏物质混入的措施，但为了避免风险而采用"可能含有 ×× 物质"这样的标识，是被明令禁止的。

但即使进行了充分的管理，仍然可能有意想不到的微量的过敏物质混入（contamination），或因所用原材料的性质使过敏物质混入。如果是这样，日本政府鼓励进行微量过敏物质混入的标识，以提醒人们引起注意。

例1，在生产本产品的生产线上，会生产使用鸡蛋的产品。

例2，本产品所使用的蛤仔是与螃蟹共生的。

食品添加剂的标识（食品卫生法）

●食品添加剂

食品添加剂在日本食品卫生法中的定义为"在食品生产的过程中，或为了加工、保存食品，在食品中添加、混入、浸入的物质"。

从这个定义可以看出，为加工和保存食品使用的成分，不论是化学合成物质还是天然物质一律视为食品添加剂。

食品添加剂分为以化学合成物质为主体的"指定添加剂"以天然成分为主体的"既存添加剂""一般香料""一般食品添加剂"这4类。

化学合成添加剂中也包括经过部分化学处理的天然成分。一般食品添加剂是指，用来着色的橙汁或用来增稠的洋粉等。

●添加剂的标识

不论是化学的合成品、天然物质，还是一般食物，都视为标识对象。

原材料中如含有添加剂也视为使用了添加剂。原则上，添加剂应该用物质名称来标识，并同时标识出其用途。标识实例如下：

添加剂的标识方法

标识方法	作为对象的添加剂的种类	标识实例
①物质名称的标识	—	维生素C 甘氨酸
②物质名称与用途并记的标识	甜味剂、香味剂、保存剂、增稠剂、稳定剂、稠化剂、淀粉黏合剂、抗氧化剂、成色剂、漂白剂、防霉剂、防腐剂	甜味剂(stevia) 着色剂(caramel) 显色剂(亚硝酸盐)
③表示使用目的的标识	酵母、胶基、碱水、增亮剂、香料、酸化剂、软化剂、调味料、豆腐用凝固剂、苦味剂、乳化剂、氢离子浓度调整剂或PH调整剂、膨胀剂	酵母 香料 乳化剂

● 可不用进行标识的添加剂

使用了添加剂的全部食物都是食品添加剂的标识对象，但也有例外。

虽在制作工序中使用，但随后分解或转变成了天然成分，几乎不会留在最终成品中的成分（加工辅助剂），以及原料中残留的微量的、在成品中不会起到任何作用的成分（残留物）可以不用标识。

但即使只有微量也会影响到人们感官的调味料、着色剂、香料，原则上是必须进行标识的。

另外维生素、矿物质、氨基酸等（强化剂），如果是在以强化营养为目的进行的添加，可以不用标识。

> 1995 年的日本食品卫生法修正案中，扩大了食品添加剂的范围，对食品添加剂不再区分天然成分和合成物质。因为一面强调没有使用化学合成添加剂，一面使用着具有同等效果的天然添加剂的例子屡见不鲜，这不是正当的标识。
>
> （例）已标识出没有使用化学合成着色剂，却使用了藏花素。

转基因食品的标识（JAS 法、食品卫生法）

●转基因作物

是指将其他生物的部分遗传基因（DNA）导入到农作物中，人工进行了遗传基因的转换的农作物。

·需审查安全性的种类

大豆、玉米、马铃薯、油菜籽、棉籽、紫花苜蓿、甜菜、木瓜。

●转基因食品标识的对象

转基因作物，及以转基因作物为原料的加工食品，必须进行转基因食品相关的标识。

其对象为在全部原材料中所占比重达到前 3 位的、5% 以上配比的原材料。

●转基因食品的标识方法

在需要标识对象的后面加上括号，括号内注明基因转换了的食品标识"（转基因食品）"，无法区分转基因和非转基因的食品标识"（未区分是否为转基因食品）"。

非转基因食品可以不进行相关标识，如要标识，则可标识为"未进行基因转换""未使用基因转换食品""非转基因食品"等。

转基因食品的标识是为了将转基因作物与非转基因作物分开管理而进行的。因此，不是转基因品种的食品虽没有标识将其与转基因食品区分进行原材料管理的义务，但大多数的情况下还是会标出"非转基因食品"。

此外，即便主要原材料不是转基因食品，如果同种类的原材料没有与其区分进行管理，该加工食品却标识出"原材料使用的是非转基因食品"这样的强调标识是被明令禁止的。

转基因食品标识对象的种类

对象作物
1. 大豆（包括毛豆、豆芽）
2. 玉米
3. 马铃薯
4. 油菜籽
5. 棉籽
6. 紫花苜蓿
7. 甜菜
8. 木瓜

对象加工食品	
1．豆腐、油炸豆腐	20.玉米罐头和瓶装玉米
2．冻豆腐、豆腐渣、豆皮	21.以玉米淀粉为主要原料的食品
3．纳豆	22.以玉米粒为主要原料的食品
4．豆浆	23.以玉米(烹调用)为主要原料的食品
5．大酱	24.将16~20所列举的食物作为原材料的食品
6．水煮大豆	
7．大豆罐头和瓶装大豆	25.冷冻马铃薯
8．大豆粉	26.马铃薯干
9．炒大豆	27.马铃薯粉
10.将1~9所列举的食物作为原材料的食品	28.土豆小吃
11.以大豆(烹调用)为主要原料的食品	29.将25~28所列举的食物作为原材料的食品
12.以大豆粉为主要原料的食品	
13.以大豆蛋白为主要原料的食品	30.以马铃薯(烹调用)为主要原料的食品
14.以毛豆为主要原料的食品	31.以紫花苜蓿为主要原料的食品
15.以豆芽为主要原料的食品	32.以甜菜(烹调用)为主要原料的食品
16.玉米小吃	33.以木瓜为主要原料的食品
17.玉米淀粉	
18.爆米花	
19.冷冻玉米	

原料原产地名标识（JAS 法）

●原料原产地名标识制度

其对象为在日本国内加工生产的食品，对材料中使用的生鲜农畜水产品的原产地进行标识的制度。

作为对象的食品有，可以被称为生鲜食品的 22 种延伸轻加工食品和品质标识基准规定的 4 种个别食品，共计 26 个品种。

●原料原产地名标识的对象

按照规定该标识的对象为使用的原材料中比重占到 50% 以上的生鲜农畜水产品。

原料原产地标识的对象：

个别品质标识基准规定的 4 种食品

鳗鱼
鲣鱼
农产品的腌制物
冷冻蔬菜食品

原料原产地标识的对象：加工食品品质标识基准规定的 22 个食品种群

1.香菇干、蔬菜干、水果干(薄片状或粉末状除外)
2.盐腌菇类、盐腌蔬菜、盐腌水果
3.经过蒸煮的菇类、蔬菜、豆类、豆馅(罐头、瓶装、真空袋装食品除外)
4. 切好的各种类混合蔬菜、多种类混合水果及蔬菜、多种类混合水果及香菇类
5.绿茶及绿茶饮料
6.年糕
7.炒、煎花生(包括带壳花生)及炒豆类
8.黑糖以及使用黑糖的加工食品
9.魔芋
10.经过调味的食用肉类(经过加热处理及冷冻处理的食品除外)
11.经过蒸煮的食用肉类(罐头、瓶装及真空袋装食品除外)
12.表面经过烘烤的食用肉类
13.裹面油炸的食用肉类(经过加热处理及冷冻处理的食品除外)
14.和肉馅及其他种类混合的食用肉类(包括装入容器中的肉块及肉馅、成型后的肉类)

续表

15.阴干的鱼类、贝类,腌咸晒干鱼类、贝类,煮干的鱼类、贝类,海带、干海苔、烤海苔及其他干制的海藻类(切成细条状或粉末状的除外)
16.盐腌的鱼类、贝类、海藻类
17.经过调味的鱼类、贝类,及海藻类(经过加热处理及冷冻处理的食品,罐头、瓶装、真空袋装食品除外)
18.海带卷
19.经过蒸煮的鱼类、贝类,及海藻类(罐头、瓶装、真空袋装食品除外)
20.表面经过烘烤的鱼类、贝类
21.裹面油炸的鱼类、贝类(经过加热处理及冷冻处理的食品除外)
22.除了4和14指出的食品外的多品种混合的生鲜食品(未经切割直接装入容器中的除外)

●原料原产地名的标识方法

引入原料原产地名标识制度是为了区别日本产原料和进口的原料。日本产原料应标识为"国产"(这里指日本产),进口的原料应用"国名"进行标识。

但是,日本产食品也有不同的产地,所以可以代替"国产"(这里指日本产)写上都道府县的名称或众所周知的地名、水域名称,及其他生鲜食品原产地标识基准中规定的地名。

原产国名的标识（JAS 法）

●原产国名的含义

关于进口食品,分成生产国和食品加工国。

●原产国名和进口商名称标识的关系

加工食品的进口,通常分成3大类。

①零售用的散装进口（成品商品进口）。

②进口时已经完成了包装，但在日本国内还进行了简单的筛选和物理性质的处理，或直接将进口商品分装成小包进行销售的商品（大宗货物进口）。

③在日本国内进行二次调味加工的成品（半成品进口）。

①②为原产国名的标识对象，③分成对象商品和非对象商品。

有关进口商名称的标识，①应标识出进口商名称及其经营场所所在地。当②是成品时，不用标识出进口商名称，但必须标识出日本国内对其进行分拣的从业者或生产商；当其为加工商品时，应标识出生产加工者。

关于③，例如像烤年糕一样的烤米粉片，如果在日本国内进行调味，也应标识出其"原产国名"。如果将进口烤鳗鱼在日本国内加工成烤鱼串，也被视为是日本国内加工生产的商品，不需要标识"原产国名"。但鳗鱼的加工产品是原料原产地标识的对象，所以在原料原产地名中必须标识出鳗鱼的原产国名。

此外，对②进行的简单的物理性质的加工，主要指不会改变进口食品的实质（属性）的单纯的加热、切割、冷冻，和为了将其制成成品的简单调味等。

例1，从美国进口的加州梅干，在日本国内通过加冰、加热对梅子进行软化后进行零售时，其包装上的标识：

> 名称：加州梅干（软型）
>
> 原材料名：加州梅干……
>
> 原产国名：美国
>
> 加工商：××股份有限公司、加工工厂所在地

例2，从美国进口的新鲜加州梅，在日本国内进行干燥、软化处理后，其包装上的标识：

> 名称：加州梅干（软型）
>
> 原材料名：加州梅干（美国）……
>
> 加工商：××股份有限公司、加工工厂所在地

营养成分的标识（促进健康法）

●营养成分

食品标识制度所指的营养成分是指，促进健康法规定的下列成分与热量：

①蛋白质
②脂类
③碳水化合物
④锌、钾、钙、铬、硒、铁、铜、钠、镁、锰、碘、磷
⑤烟酸、泛酸、维生素、维生素A、维生素B1、维生素B2、维生素B6、维生素B12、维生素C、维生素D、维生素E、维生素K、叶酸

※ 热量（energy）不属于营养成分，但也应该按照上表进行标识。

摄入过量的话会引起问题的"饱和脂肪酸""胆固醇""反式脂肪酸",及应积极摄取的"DHA、EPA(不饱和脂肪酸)"应包含到②脂类中。

另外糖类、食物纤维等应包含到③碳水化合物中。

● **营养成分标识的对象食品**

其对象为经过包装的加工食品,生鲜食品虽然在对象范围以外,但由于通过调整鸡饲料可以改变鸡蛋的营养成分,所以将鸡蛋视为对象。

● **标识方法**

虽然是否为加工食品标识营养成分是企业的自由,但需要标识的话,就必须按照《营养标识基准》中规定的方法进行。

· 对一般标识(必须标识)事项进行标识

在标识营养成分时,一般标识事项为:①热量(能量);②蛋白质;③脂肪;④碳水化合物;⑤钠。必须按照以上顺序进行标识。

不可单独标识某种成分,比如在标识维他命C或钙时,要标识完上述①到⑤的一般标识事项后,再加在标识⑤后。

并且,在标识如多酚、钒等没被指定为营养成分的功能性成分时,为不被消费者误认为此成分为法律规定的成分,应将其与营养成分标识分开,在别处另行标识。

※ 能量是指蛋白质、脂质、碳水化合物与能量系相乘得出的数值。

※ 碳水化合物可分成糖分和食物纤维进行标识。

· 明示标识单位、进行统一标识

为方便消费者使用产品，应明确标识出质量单位，如每1000g、每100ml等；包装单位，如一袋、一个、一罐等；可食用量，如一顿、一人份等。含量用g、mg来表示。

标识样式是指明确记载营养成分的标识，通过在表中列举分条的形式进行记录。

● 标识值的误差

能量、基本营养成分的标识值和实际商品的分析值之间的误差容许范围为 ±20% 以内。其他的各微量成分都各自有规定的误差容许范围。

平成 25 年（2013 年）9 月 27 日起，营养标识基准的一部分被修改过。在不是使用分析法而是以日本标准食品成分表等资料为基础，合理推断出的含有量后附注上"推定值"或"该标识值为参考数值"并进行标识时，误差基准不适用。对于季节变动大的原材料，要有为普及营养标识应采取的措施。但必须保留作为推定依据的资料。

特色原材料的标识（JAS 法）

●特色原材料标识

强调原材料特色的标识一般有两种："使用了某特定原材料"和"使用了少量的特定原材料"。

一般使用前者的情况较多，JAS 法规定，特色是指让消费者认识到其商品价值并对消费者是否购买产生影响的因素。为了不让消费者产生误解，JAS 法还规定了标识规则。下面列举的 7 项为规制的对象（出自《基于 JAS 法的食品品质标识简明手册》）。

①特定原产地；②有机食品（农产品、畜产品、加工食品）；③非转基因；④特定生产地；⑤特别培养方法；⑥品种名等；⑦商标、品牌、商品名。

●特色原材料标识的规则

被强调的原材料使用比例在同种原材料中所占比例未满100% 时，要标识出同种原材料占全体的比例。

标识方法：在靠近强调标识的地方进行标记，或在原材料名栏中的原材料后面加上括号进行标记。

例如，使用了 50% 有机小麦粉制成的甜点：

原材料名：小麦粉（有机小麦粉 50%）、淀粉……

※ 被强调原材料占比为 100% 时无需标识。

※ 未满 100% 而标记比例时，最好所有的强调标识处都标识出比例。

用于标识的文字大小

●一般规则

各法令规定的文字字号为：字号统一为日本工业规格（JIS规格）的 8 号字或以上，如果可标识区域的面积过小（约在150cm^2 以下），可以使用 5.5 号字来标识。

●因标识区域面积有限需进行省略时

根据食品卫生法，标识区域面积小于或等于 30cm^2 时可省略标识。JAS 法规定，名称和生产者等标识有必需项，此外的其他事项可以省略。

文字的颜色必须和背景色和谐，以便标识易于辨认。

●文字大小的规定（食品卫生法）

①牛奶、乳制品的种类及别称

·饮用牛奶类：5P 以上

·乳制品（发酵乳、乳制品乳酸菌饮料之外的黄油、奶酪、其他）：14P

·发酵乳、乳制品乳酸菌饮料：8P 以上

②外观类似于蒸煮袋的需要冷藏的食品，为了不让消费者误认为是常温保存食品，要在包装表面印上 20P 以上的"需冷藏"的字样。

"展销会" 标识的注意事项

除传统型商品外的季节性商品、地方名产、其他特别企划的商品在展销会卖场出售时，注意事项如下：

①展销的商品是容器包装的加工食品时

根据法律规定应有适当的说明，并按照标识的保存方法进行陈列管理。

②展销的商品散装出售时

如果是当面销售，售货员会进行说明，所以商品上不用有说明，但如果是大甩卖或统一收银，过敏物质、购入后的保存方法、保质期等与安全性有关的事项需要用POP来说明。

另外，生鲜食品是一同出售的话，必须用POP等标明名称、原产地。

③注意POP标识的内容

注意是否存在违反赠品标识法所禁止的内容，如不当标识（产地、品种等）、促进健康的虚假信息、夸大性信息。

食品标志及法律

在食品包装上，应标注从公共性标志到企业的标志性标志（logo 商标）有助于消费者识别商品的标志。

下面，我们主要来看一下与日配品相关的主要公共性、非正式公共性的标志。

JAS 标志（JAS 法）

●商标的性质

JAS 标志是一种用来标识符合 JAS 法规定的品质、生产、生产方法的 JAS 规定的食品标志，唯有接受过第三方机关（认定登记机关）检查认证的从业部门可以使用此标志。

一般 JAS 标志

JAS 标志有以下 4 种：

①（一般）JAS 标志：满足与品质相关规定的食品。

②特定 JAS 标志：满足与特别的生产、生产方法、原材料相

有机 JAS 标志

关规定的食品。

③有机 JAS 标志：满足有机 JAS 规定的食品（认证制）。

④公开生产信息 JAS 标志：满足与公开生产信息相关规定的食品（认证制）。

●有机 JAS 规定以外的食品在"有机"用语方面有使用限制

在没有有机食品标志的商品中使用有机食品的字样（如：有机 ×× 豆腐等），是被严令禁止的。

没有有机食品标志的商品，如果其原材料中使用了有机食品，可以将其要点标识出来（本品使用了有机大豆等），必须将其在同种原材料中所占的比例标识出来（100% 使用的话不需要标识）。

与有机 JAS 相关的规定有以下 3 个：

①有机农作物

指使用化学合成肥料、农药、堆肥等进行土地栽培的农作物。不包括转基因作物。

②有机畜产品

用有机饲料，在无压力的环境中，不使用用于预防疾病的抗生素，并且不使用转基因技术饲养出的家畜，及其肉、蛋、奶等。

③有机加工食品

是除水和盐以外的原材料中有机农作物、有机加工食品占95% 以上的，或极力避免使用化学合成添加剂、药剂，利用物理机能或生物机能的加工方法生产出的食品。另外还不能使用转基因技术。

与标识相关的公正竞争规章（公正标志）

●公正竞争规章

公正竞争规章是指在赠品标识法的基础上，为排除因不当标识和不当赠品造成的不当竞争，由消费者协会等部门长官及公正交易委员会认定并规定的业界自主规则，有标准公正的性质。

"与标识相关的公正竞争规章"网罗了食品卫生法、JAS法、计量法所规定的标识事项，为防止赠品标识法所禁止的误导消费者认知的不当标识，规定必须使用"品质""成色""生产方法""特产""名产"等相关的特定事项及用语来进行标识。

规章应在业界设置的公正交易委员会的监督下使用。

●公正标志

公正标志是指标识出公正交易委员会会员的商品，及符合公正竞争规章的正当标识的商品标志。

（存在没有设置公正标志的业种）

牛奶类饮品的公正标志

215

第 **8** 章

12个月的"每周"销售计划

1月 销售主题及重点宣传商品

1. 年初首次销售、日式／西式点心展销会

促销时间： 年初首次销售开始后的 3 天时间。

因为很多家庭已经在年末时把料理材料都基本备齐，所以年初首次售时基础食品基本卖不动。年初时高级西式点心较受欢迎，这时应进行以日式、西式点心为中心的甜点销售。

宣传商品：（西式点心）小块蛋糕、蛋糕卷、戚风蛋糕、苹果派、奶酪蛋糕、提拉米苏、磅蛋糕、鸡蛋糕、新鲜甜点、奶油泡芙、巧克力泡芙、华夫饼、奶味薄饼。（日式点心）高级点心、豆沙包、羊羹、豆大福、糯米丸子、毛豆泥年糕、豆沙年糕、铜锣烧。

卖场陈列： 有名的糕点师制作的西式冷藏糕点价格偏高，卖不掉而打折出售的话会有损失。所以要尽量出售冷冻的商品。

速冻食品、冰淇淋 新学期、开始上班 便当材料特辑

出售方法： 1 月 1 日和 1 月 2 日两天冰淇淋会很好出售。建议出售高级冰淇淋、圣代等高单价商品。3 日冷冻食品不好卖，但从 4 日开始因新学期、年后开始上班所需等，销售量会急剧上升，注意不要错过销售时机。

宣传商品：

● （便当材料）冷冻小份配菜、烤鲑鱼、炸鸡块、炸鸡肉、汉堡牛肉饼、肉丸、炸白身鱼、炸猪排、炸牛肉薯饼、鸡排。

● （冷冻土豆）炸土豆、煮土豆、烤土豆、拔丝土豆、中华土豆、芋头。

2. 新春 基础食品大甩卖

促销时间： 从 4 日开始的一周时间。

新年的前三天过去后，新年的气氛就没有了。从 4 日开始重新回到正常生活中。此时可进行以基础食品为中心的大甩卖活动。

宣传商品： 日配品的"8 白"（豆腐、腌白菜、乌冬面、鱼卷、牛奶、酸奶、鸡蛋、长面包）、油炸食品、油炸豆腐块、魔芋、纳豆、中华面条、炸牛肉饼、辣白菜、饺子、烧麦、豆浆、蔬菜＆水果饮料、乳酸菌饮料、布丁、点心面包、人造黄油。

卖场陈列： 每日更换特卖日配品的"8 白"，同时要有步骤地进行其他商品的连续特卖及店内促销活动。用于制作便当的冷冻食品也要进行特卖。对年末残留的季节商品进行为期三天的处理，并出售生产日期为年初的商品。基础食品中生产日期为 12 月的商品也要趁此次特卖机会尽快处理。

速冻食品、冰淇淋 考生们加油！营养夜宵特辑

出售方法： 1 月中旬冷冻食品销量较好。本周企划"为考生们加油特辑"，为考生们准备以面类为主的夜宵。重点推出配有汤料的冷冻烹调面。还可以"在暖暖和和的房间里吃冰淇淋"为主题，宣传奶油蛋糕等冷冻蛋糕。

宣传商品：●（冷冻面）肉乌冬面、清汤面、天妇罗荞麦面、关东煮、5餐份乌冬面、2餐份荞麦面、拉面（酱油、大酱、盐）、炒面、蘸汁面。

●(冷冻蛋糕)小蛋糕、蛋糕卷、薄煎饼、华夫饼、奶酪蛋糕、华夫饼、苹果派。

3. 亚洲火锅特辑

促销时间：一周左右。

即使年末、年初已经过去，很多家庭里的冰柜、冰箱里应该还有很多蔬菜、肉、鱼、鱼加工品等食材，所以可建议顾客们用这些食材制作亚洲火锅。

宣传商品：亚洲火锅汤（韩式火锅、泡菜锅、参鸡汤、咖喱火锅）、豆腐、烤豆腐、油炸豆腐、魔芋结、葛粉丝、粉丝、辣白菜、锅贴、乌冬面、中华面条、鱼肉香肠。

卖场陈列：推荐的亚洲火锅有韩国香肠火锅、四川火锅。香肠火锅是一种在韩国有很多人吃的简单火锅，火锅里放的食材通常有鱼肉香肠、鱼肉火腿、午餐肉罐头等。四川火锅的乐趣在于火锅中使用的辣椒油和用辣椒、花椒、生姜特制的超辣调味汁。最好简单地写一些食谱贴在卖场。

速冻食品、冰淇淋 省钱菜单 面食、火锅料理特辑

出售方法：因圣诞节、年末年初的开支太大，消费者们这时的节约意识增强，所以这个期间可主推量大且便宜的冷冻面食品。冷柜里可陈列冷冻小吃。另外可进行在薄煎饼、华夫饼上添加冰淇淋等"热＆冷点心"的提案。

宣传商品：

●（冷冻小吃）冷冻比萨（大份、小份、吐司比萨）、薄煎饼、比利时华夫饼、法国吐司、玉米热狗、汉堡牛肉饼、日式煎饼、章鱼烧。

●（冰淇淋）巧克力冰淇淋、糯米馅冰淇淋、甜筒、牛皮糖、泡芙。

4. 蔬菜、水果的热菜单特辑

促销时间：一周左右。

冬季正式到来，考生们也进入冲刺阶段。这时可进行营养面热菜单中的面类、小吃类的促销。可建议顾客们充分利用蔬菜柜台的切割蔬菜、蒸菜、切割水果等。

宣传商品：火锅乌冬面＋火锅用蔬菜、盐味拉面＋火锅用蔬菜（用于制作担担面）、袋装咖喱/汤＋蒸菜、比萨＋蒸菜/切割水果（用于制作蔬菜比萨、水果比萨）、奶酪火锅＋蒸菜、冷冻派坯子＋切割水果（建议制作水果派等）。

卖场陈列：以交叉销售的方式宣传该类商品。

速冻食品、冰淇淋 冬季温暖中华料理特辑

出售方法：因为下大雪等天气原因，消费者出门购物的机会减少，这时可宣传能在家中做储备的中华料理。告诉消费者这时蔬菜市场行情可能会上涨，建议他们使用冷冻蔬菜。同时这个期间也是出售搭配肉的混合蔬菜的大好时机。

宣传商品：

● （冷冻中华料理）中华馒头、煎饺、烧麦、炒饭、炒面、中华荞麦面、古老肉、八宝菜、芙蓉蟹、小笼包。

● （冷冻蔬菜）冷冻芋头、菠菜、南瓜、扁豆、日式混合蔬菜、中式混合蔬菜、西式混合蔬菜、汤料、炒蔬菜。

2月 销售主题及重点宣传商品

1. "节分"（指立春前一天）日餐特辑

促销时间：节分的前一周时间。

"节分"的意思是"将季节分开"。在日本，人们习惯在这天撒豆子以辟邪，并相信吃掉跟自己年龄一样多的豆子能使身体健康等。

宣传商品：寿司卷材料（樱花鱼松、调味葫芦条、调味蘑菇、煎鸡蛋、蟹棒、金枪鱼罐头、调味油炸豆腐）、大豆、豆加工品（豆腐、纳豆、福豆、茶福豆、白花豆）、节分荞麦面、甜煮沙丁鱼、节分面包卷、节分蛋糕、节分蛋糕卷、点心（节分豆沙包、豆大福、桃山、高级日式糕点）。

卖场陈列：宣传惠方卷、节分荞麦面、节分豆沙包。重点出售卷寿司、热面条、节分豆沙包、蛋糕卷、豆大福。

速冻食品、冰淇淋 节分时出售惠方卷

出售方法：2月3日是节分。节分这天，可重点销售冷冻沙丁鱼、冷冻荞麦面。对于冷冻沙丁鱼可主推"可微波炉加热"和"水煮加热"两种。荞麦面则主推"天妇罗荞麦面""清汤面"等杯装面。冰淇淋销售额也将在2月2日、3日达到2月的最高值。

223

宣传商品：

● （冷冻面）蘸汁面、天妇罗面、肉乌冬面、清汤面、鸡汤面、5 餐份乌冬面、拉面（酱油、大酱、盐）、炒面。

● （冷冻烤鱼）烤沙丁鱼、烤多线鱼、盐烤秋刀鱼、烤鲭鱼、西京烤鲭鱼、盐烤鲑鱼、西京烤鲑鱼。

2. 情人节展销会

促销时间：情人节的前一周。

这期间，用于制作手工饼干、蛋糕等的黄油会迎来仅次于 12 月份的销售高峰期。可推出给"爷爷、奶奶"的情人节日式点心，及"对自己、家人表示感谢"的日式、西式点心。

宣传商品：巧克力、蛋糕坯（原味、巧克力味）、无盐黄油、生奶油（白色、巧克力）、牛奶、"给爷爷、奶奶"的巧克力馅包、糯米馅蛋糕、羊羹、铜锣烧、大福等，"对自己、家人表示感谢"的巧克力、提拉米苏等。

卖场陈列：西式日配品柜台要有两台冷冻柜，一台用于制作蛋糕的材料，另一台用于需冷冻的西式点心。在旁边设置一个货柜以陈列用于制作情人节点心的材料。

速冻食品、冰淇淋 情人节巧克力、甜点

出售方法：家庭中举办情人节派对的情况较少，但有些人会送巧克力给孩子。所以这时可着力销售巧克力和甜点。可进行薄煎饼、华夫饼、奶味薄饼与巧克力冰淇淋组合的甜点的提案。

宣传商品：（小吃）冷冻比萨（大份、小份、吐司比萨）、薄煎饼、比利时华夫饼、法国吐司、玉米热狗、汉堡牛肉饼、日式煎饼、章鱼烧。（巧克力甜点）巧克力蛋糕、巧克力慕斯、巧克力蛋糕、法式巧克力熔岩蛋糕。

3. 考生们的夜宵和营养食品展销会

促销时间：一周左右。

考生们冲刺的这个时期，要宣传营养食品。作为考生们的营养夜宵菜单，宣传用微波炉加热即可食用的成品菜单和蔬菜丰富的面类食品。

宣传商品：（Ready Meal）冷冻汤、酱汤、冷冻锅、冷冻食品（炒饭、关东煮、烤饭团、肉乌冬面、拉面、意大利面、炒面）、冷冻面（炒乌冬面、肉汤乌冬面、杂烩面、拉面）。（热饮）咖啡、可可饮料、红茶、甜酒、健康饮料（豆浆、蔬菜＆水果饮料、柚子汤、生姜汤）。

卖场陈列：宣传冷冻食品、冷藏商品、切割蔬菜提案"杂烩面""汤面""炒面"等菜单。

速冻食品、冰淇淋 春季味觉！ 春季蔬菜和桃子、梅子食谱

出售方法：突出春天的味道。出售冷冻蔬菜中的油菜、芦笋等。冷冻日式点心宣传樱叶饼、艾叶大福、莺饼等能让人感受到春天气息的日式点心。以"冷冻食品也有春天的味道"为主题，在冷冻柜陈列上述商品。

宣传商品：

●（冷冻蔬菜）冷冻菜花、芦笋、芋头、南瓜、扁豆、日式混合蔬菜、中式混合蔬菜、西式混合蔬菜、汤料、猪肉酱汤、炒蔬菜、土豆、毛豆。

●（日式点心）樱叶饼、艾叶大福、槲叶糕、莺饼、大福、萩饼。

4. 春季展销会

促销时间： 月底的一周左右。

为了弥补冬季商品销售低迷的状态，要尽快进行春季商品的销售。

宣传商品： 凉拌豆腐、鸡蛋豆腐、生魔芋、海蕴、炒面、炒乌冬面、意大利面、鱼肉加工食品（板鱼糕、生鱼卷、蟹棒、细竹鱼糕）、梅干、腌菜花、咸豌豆、蘑菇饭、山菜饭、草莓味牛奶、桃子味饮料、梅子味饮料、梅子味果冻、桃子味果冻、艾糕、樱叶饼、桃馅包、杂粮面包。

卖场陈列： 多次开展"梅子节"和"桃子节"活动。能让人联想到春天的色彩是树木的绿色，桃花、樱花的粉色。卖场布置要突出菜花、信州菜、毛豆、青梅、艾糕等绿色商品，蟹棒、梅干、草莓、樱叶饼等红色商品。

速冻食品、冰淇淋 女儿节 散寿司和节日甜点

出售方法：3月3日是日本的女儿节。大力促销米饭类的散寿司、樱花饭、蘑菇饭等。这一天和2月2日、3日的春分一样，是冰淇淋畅销的时候。女儿节蛋糕要同时备有冷藏的和冷冻的。

宣传商品：

● （冷冻米饭）冷冻散寿司、樱花饭、蘑菇饭、什锦炒饭、鸡肉牛蒡饭、红米饭、野菜红豆糯米饭、蘑菇红豆糯米饭、关东煮、炒饭、烤饭团、鱼贝鸡米饭、西班牙海鲜饭、米饭汉堡。

● （甜点）冷冻蛋糕、蛋糕卷、泡芙。

3月 销售主题及重点宣传商品

1. 女儿节 日餐展销会

促销时间：2月下旬至女儿节当天。

女儿节时要宣传散寿司、春季拌菜、煮菜材料，并提案、销售合乎大众口味的日餐菜单的主食、副食、配菜、酱汤、甜食。因为是女儿节，所以要突出粉色和桃红色商品。

宣传商品：（寿司材料）散寿司、调味油炸豆腐、调味葫芦条、鸡蛋丝、蟹棒、樱花鱼松、腌菜花。（煮菜、凉拌菜材料）板蒸魔芋、油炸豆腐、油炸豆腐团、鸡蛋豆腐、什锦鸡蛋羹、甜烹蛤仔、煮蜂斗菜茎、金时豆、黑豆、甜酒。

卖场陈列：陈列包装精美的散寿司、什锦豆腐寿司、手卷寿司的样品等。重点是进行能使红色、黄色、绿色三色食材平衡的配置。

速冻食品、冰淇淋 冷冻水果＆圣代

出售方法：冷冻蛋糕坯和薄煎饼上加入冷冻水果、生奶油，一份简单的甜点就做好了，如果再加上冰淇淋就更奢侈了。所以可以进行冷冻食品和冰淇淋的组合销售。

宣传商品：

● （冷冻水果）草莓、蓝莓、芒果、山莓、蔓越莓、菠萝、松糕、薄煎饼、华夫饼、生奶油。

● （冰淇淋）盒装冰淇淋、圣代、水果派。

2. 白色情人节 "白色食品特辑"

促销时间： 3天、4天。

为了不在白色情人节错失销售良机，要进行以白色商品为主的日配商品的特卖。

宣传商品： 豆腐、魔芋丝、魔芋丝结、水煮乌冬面、炒乌冬面、腌白菜、泽庵咸菜、腌芜菁菜、白鱼肉山芋饼、奶酪鱼卷、生鱼卷、水煮大豆、白花豆、生饺子、烧麦、中华馒头、切片面包、鸡蛋、牛奶、酸奶、乳酸菌饮料、蛋糕卷、大福、白巧克力。

卖场陈列： 在基本型商品卖场进行陈列。制作统一的标题板、POP。

速冻食品、冰淇淋 热小吃 & 甜食

出售方法： 冷冻食品中的小吃、甜食的新产品陆续上市。因为这时孩子们都进入了春假，所以要缩小便当材料市场，扩大小吃、米饭、甜食卖场及相关商品。另外，随着气温的上升，冰淇淋的销售情况开始好转，所以要防止冰淇淋的缺货。

宣传商品：

● （冷冻茶点）炒面、意大利面、比萨、日式煎饼、广岛

煎饼、章鱼烧、关东煮、炒饭、鱼贝鸡饭、奶汁烤菜、汤。

●（冷冻甜味）薄煎饼、华夫饼、奶酪蛋糕、蛋糕卷、华夫饼、苹果派、大福、米粉团、包子。

3. 春分 天妇罗、菜饭、糯米小豆饭、沙拉特辑

促销时间： 春分前的一周左右。

许多春季蔬果开始陆续上市。这时要大力促销用蔬菜和水果制作的天妇罗、关东煮、鱼卷、煮菜、拌菜等。

宣传商品： 豆腐渣、水煮羊栖菜、煮大豆、煮金时豆、油炸豆腐、油炸食品、魔芋、魔芋丝、调味高野豆腐、水煮鱼卷、生鱼卷、油炸豆腐团、蟹棒、鱼肉香肠、袋装沙拉、关东煮、梅子杂鱼饭、糯米红豆饭、调味汁、白色拌菜、芝麻凉菜、萩饼、包子、槲叶糕。

卖场陈列： 豆腐柜台要宣传可以销售到春分的油炸食品、煮菜材料。米饭柜台最下一层摆放关东煮、拌饭、红米饭、糯米红豆饭。缩小关东煮材料卖场，扩大生食、沙拉、煮菜相关商品卖场。

速冻食品、冰淇淋 春假的 Ready Meal 特辑

出售方法： 春假期间，因为便当材料需求减少，所以可以推荐孩子都能做的用微波炉加热便可的成品饭菜。扩大卖场空间，增加商品种类。冰淇淋卖场可主推小的多样式冰淇淋。

宣传商品：

● （冷冻成品饭菜）意大利面（那不勒斯式面条、奶油培根面、辣椒意大利面、肉酱）、烤饭团、关东煮、炒饭、炒面、拉面、乌冬面。

● （冰淇淋）组合装冰淇淋（冰棍、杯装冰淇淋、甜局、糯米馅冰淇淋）。

4. 春假 炒面 & 中华料理特辑

促销时间：月末的一周时间。

因为孩子们在放春假，所以午饭的需求量增加。尤其是面类，成本低、有多样性、制作简单，可以提案与中华料理组合的菜单。

宣传商品：炒面（大酱、盐、酱油、咸鳕鱼子）、炒乌冬面（大酱、酱油）、意大利面、浇汁炒面、盘装乌冬面、长崎杂烩面、炒米粉、上海炒面、中华料理材料（古老肉、八宝菜、回锅肉等）、点心类（饺子、烧麦）、相关商品（炒面酱、中式汤、炒饭、海苔、鲣鱼干）、红姜、调味榨菜。

卖场陈列：在冷冻柜里陈列相关商品。建议中华料理店的午餐菜单使用与炒面、饺子相组合的商品。

速冻食品、冰淇淋 社会新人们的便当材料

出售方法：月末开始缩小小吃卖场，扩大便当材料卖场。为了便于社会新人制作便当，放置宣传板和POP，将商品分成"微波炉加热即食""自然解冻食品""加热食用商品"等类别。

宣传商品：

● （便当材料）炸牛肉薯饼、油炸食品、干炸鸡肉、炸鱼、烤鱼、汉堡牛肉饼、肉丸、土豆、杯装小份类商品（煮菜、拌菜、醋拌食品、沙拉、面类、奶汁烤菜）、混合蔬菜、玉米、混合有机蔬菜、毛豆。

● （米饭）炒饭、关东煮、烤饭团、红米饭、糯米红豆饭。

4 月 销售主题及重点宣传商品

1. 为社会新人准备的早餐及便当特辑

促销时间：月初的一周时间。

对便当用冷冻食品、早餐相关食品、微波炉加热食品、面包、饮料等可以不用花太多时间就能做成早餐或便当的食品进行宣传促销。

宣传商品：（早餐）营养面包、丹麦酥、黄油、牛奶、酸奶、纯果汁、蔬菜饮料、蔬菜汤。

（便当）切好的煎蛋卷、切好的鱼糕、奶酪鱼卷、蟹棒。

（小份类）豆腐汉堡、汉堡、肉丸、煮豆、甜烹海味、袋装沙拉、煮菜。

（冷冻食品）自然解冻的杯装便当材料、油炸肉饼、炸鸡块、炸虾、炸鱼、炒面。

卖场陈列：冷藏食品中，要增加"米饭区""便当材料区"的商品及 SKU，就其方便性进行宣传。冷冻食品类主要进行便当材料、微波加热商品的单品宣传促销。

速冻食品、冰淇淋 健康的一天从早上的面包和汤开始

销售方法：为冷冻类营养面包制作一个约 3 尺高的货柜，

233

旁边设一个"世界各地的汤"货柜，推荐"早餐""汤和餐桌面包"。因为冷冻食品需求量会增加，所以要扩大卖场。

宣传商品：

●冷冻面包　全麦面包、黑麦面包、五谷面包、核桃面包、葡萄干面包、贝果面包、司康面包、椒盐卷饼、英国松饼、意式面包。

●冷冻汤　混合蔬菜汤、玉米汤、南瓜汤、青豆汤、土豆汤、洋葱奶酪烤菜、五谷汤、中式汤、韩式汤。

2. 常备菜（食）特辑

促销时间：一周左右。

有腌菜、甜烹海味、煮菜、豆浆、蔬菜饮料等各类商品。

尽管可一次性吃完的小容量商品的种类越来越多，但本周重点宣传的商品是大容量耐存放、在家可放入塑料袋等容器里能多次食用的食品及箱装商品。

宣传商品：腌菜、萝卜干、梅干、韩国泡菜、甜烹海带、煮豆、大酱、袋装煮菜、常温面、常温牛奶、盒装豆浆、盒装蔬菜饮料、加工奶酪、大袋装切丝奶酪。

卖场陈列：宣传易保存、大盒包装的商品。常用商品柜台最下层可贴上 POP 牌进行促销。日用品的塑料容器、保鲜盒、保温容器等关联商品也可进行关联销售。

速冻食品、冰淇淋 方便的时蔬和米饭

出售方法：宣传应季的冷冻蔬菜和冷冻米饭。冷冻蔬菜也是分季节的。4月、5月的应季蔬菜为嫩豌豆、土豆、竹笋、玉米、南瓜等。冷冻套餐以应季为卖点进行宣传。米饭类中也可导入应季什锦饭、冷冻便当。

宣传商品：

●冷冻蔬菜：青豌豆、四季豆、毛豆、蚕豆、南瓜、蔬菜混合、混蔬菜、玉米、土豆类（炸土豆、中华土豆、烤红薯）。

●冷冻米饭：竹笋饭、蛤仔饭、烤饭团、关东煮、炒饭、米饭汉堡。

3. 中华料理、韩国料理春季大促销

促销时间：3天、4天。

因新生入学、新人就职、工作调动等4月份是消费上涨的时候。继3月份后，4月中旬也应以省钱为卖点，对中华料理和韩国料理等菜单进行宣传。

宣传商品：（中华料理）浇汁炒面、上海炒面、烤牛肉、饺子、烧麦、春卷、韭菜包子、肉包子、中式汤、中华料理配菜、榨菜、杏仁豆腐、芒果布丁、木薯淀粉。（韩国料理）韩国泡菜、冷面、蔬菜煎饼、石锅拌饭、韩国泡菜炒猪肉。

卖场陈列："拉面与饺子""炒面与饺子""炒饭与饺子""烤肉与石锅拌饭""烤肉与冷面"是很受日本人欢迎的搭配菜单。

不仅要对畅销单品进行宣传，还要开展组合套餐的销售。

速冻食品、冰淇淋 最适合赏花聚会

出售方法： 宣传用于赏花聚会的冷冻食品、酒、饮料、有保冷效果的冰块，并设专柜。"可自然解冻"的商品对聚会来说使用起来非常方便，所以要宣传其简便性。还可宣传不易让冰淇淋融化的杯子、锡箔纸、聚乙烯容器。

宣传商品：

●（下酒菜）炸鸡块、炸乌贼、炸鸡肉、烧麦、烤鸡、自然解冻冷冻食品、小份食品、毛豆、蚕豆、炸土豆。

●（冰淇淋）杯装冰淇淋、组合装冰淇淋（杯装）、冰块1kg、2kg袋子、块状冰淇淋。

4. 黄金周游玩特辑

促销时间： 一周左右。

黄金周前半段推出"游玩特辑"，后半段促销"家庭聚会"的食材。

宣传商品：（用于便当）调味油炸豆腐寿司、散寿司饭、饭团材料、煎蛋卷、鱼糕、烧麦、卡通鱼肉香肠、用于便当的冷冻食品（炸鸡块、土豆）、冷冻毛豆、冰块、冷冻瓶装饮料。（烤肉相关）炒面、韩国泡菜。（用于三明治）即食面包、面包卷、熟食面包、黄油、切片奶酪、宝宝奶酪、杯装饮料、乳酸菌饮料、水果果冻。

卖场陈列： 为进行自驾游的消费者，提供在遇到堵车时需要的食物、饮料，及为了不让孩子感到无聊而准备的卡通商品、附带赠品的商品等。

速冻食品、冰淇淋 水果冰淇淋甜点

出售方法： 着力宣传"冷冻水果""冰淇淋""冷冻蛋糕材料"三种商品。在冷冻食品及冰淇淋中进行制作水果糖、装饰蛋糕的提案。如果可以的话还可以新设一个"冰淇淋甜点专柜"，陈列相关商品，并进行菜单提案。

宣传商品：

● （冷冻水果）草莓、蓝莓、覆盆子、芒果、荔枝、菠萝。

● （冰淇淋）盘装冰淇淋、杯装冰淇淋、冰淇淋泡芙、巧克力泡芙。

● （相关商品）冷冻蛋糕、冷冻西式蛋糕、冷冻薄煎饼、冷冻生奶油。

5 月 销售主题及重点宣传商品

1. "儿童节" 的日餐派对特辑

促销时间： 一周左右。

进行亲友相聚 "儿童节" 的日餐派对的提案。以日餐为中心，宣传饮料、甜点等家庭派对菜单。

宣传商品：（日式日配）寿司材料（散寿司饭、调味油炸豆腐寿司、樱花松、葫芦条、香菇、蟹棒等）、红白鱼糕、煮菜材料（过油豆腐、板状魔芋、细魔芋丝、炸鱼肉饼、鱼卷）、腌菜。（西式日配）儿童节蛋糕、冰淇淋泡芙、巧克力泡芙、粽子、槲叶年糕、乳酸菌饮料、果汁饮料。

卖场陈列： 因为 5 月有黄金周、儿童节、母亲节，所以可以进行 "晴天 派对食材" 的提案。在展销场所入口处陈列粽子、槲叶年糕、儿童节蛋糕等商品以增加节日气氛。

速冻食品、冰淇淋 儿童节派对就交给我们吧

出售方法： 扩大冷冻食品和冰淇淋卖场，这是宣传 "晴天菜单" 的好时机。

宣传商品：

● （小吃）炸鸡块、炸鸡肉、烤鸡、烤鸡翅尖、玉米热狗、薄煎饼、日式煎饼、章鱼烧、毛豆、蚕豆。

● （土豆类）烤土豆泥、炸土豆、带皮土豆、土豆块。

2. 清凉食品展销会

促销时间：一周左右。

随着气温的上升，清凉食品开始大受欢迎。本周要宣传日式、西式日配的清凉食品。

宣传商品：凉豆腐、鸡蛋豆腐、凉粉、生魔芋、海藻沙拉、凉拌乌冬面、荞麦面、凉面、朝鲜冷面、红生姜、蟹棒、生鱼卷、鱼肉加工品、牛奶、乳酸菌饮料、咖啡、牛奶咖啡、红茶、原味酸奶、咖啡果冻。

卖场陈列：扩大"凉面"卖场并增加品项。还要宣传大包装。在不增加"袋装凉面"SKU 的前提下，以某些商品为中心进行促销。清凉甜点中扩大冷冻蛋糕、甜点、小吃的卖场，并增加品项。

速冻食品、冰淇淋 母亲节的意大利面和高级冰淇淋

出售方法：因为煮意大利面是件非常麻烦的事，所以可以以用微波炉简单加热即可为卖点宣传"冷冻意大利面"。制作并分享出许多种类也是很愉快的。冷冻柜的端架处可摆放高级冰淇淋。

宣传商品：

● （意大利面）冷冻生意大利面（意大利实心面、通心粉）那不勒斯式面条、奶油培根面、辣椒意大利面、肉酱、比萨、千层面、焗烤通心粉、意大利面酱汁。

● （冰淇淋）高级冰淇淋、奶酪蛋糕。

3. 果汁、水果甜点展销会

促销时间： 3 天、4 天。

4 月、5 月是日本产水果较少的时节。水果卖场主要以进口水果为主。因此，加工食品类中，不仅是应季水果，卖场里的过季果汁、甜点也是重点宣传商品。

宣传商品： 果汁（橙子、苹果、葡萄、西柚、菠萝、西印度樱桃、芒果、混合类）、水果果冻、酸奶、水果冰淇淋。

卖场陈列： 水果卖场里水果备货不足的时节是果汁和甜点的促销时机。饮料、果冻、冰淇淋的销售额在 8 月份会急剧上涨。要扩大卖场空间并增加品项。

速冻食品、冰淇淋 将美味冻起来

出售方法： 主要宣传冷冻食品的"安全性和美味"。冷冻食品与半冷冻食品相比，使用的添加剂较少，保存性较高。企划"中华料理、韩国料理展销会"，将相关商品置于平面冷藏柜中销售。

宣传商品：

● （中华料理）煎饺、烧麦、炒饭、炒面、中华面条、担担面、古老肉、八宝菜、芙蓉蟹、中华馒头。

● （韩国料理）泡菜炒饭、石锅拌饭、蔬菜煎饼、韩国辛拉面、韩国冷面、粥（鲍鱼、鳕鱼）、韩式汤。

4. 大型包装、小份包装、包装盒特辑

促销时间：一周左右

大力宣传销售库存商品、常备菜（食品）、聚会用等大型包装、保存食品、包装盒。畅销商品从个人份到大型包装，按量的不同进行备货。

宣传商品：切好的豆腐两盒 / 三层叠放、鸡蛋豆腐 3 盒或 4 盒、纳豆 4 盒、大袋装水煮乌冬面及荞麦面、中华面，大包装腌菜、大包装甜烹海味、大袋熟食配菜制品、200ml 豆浆、袋装饮料、蔬菜及水果饮料的盒装促销品、酸奶 4 盒或 6 盒、混装果冻、冰淇淋、廉价冷冻食品、半斤主食面包、袋装甜面包。

卖场陈列：中旬以后，因黄金周开销较大，人们开始控制消费，这时应主要宣传常规大小和小包装的商品。陈列柜台最下层置放该类商品。

速冻食品、冰淇淋 为繁忙的人准备的膳食

出售方法：作为储备食品，可宣传冷冻食品类的"Ready Meal""便当""米饭"。将"储存在冰柜里的话，忙时也能安心食用"作为卖点。把配菜套餐从便当材料里分离出来放在米饭柜台销售。

宣传商品：

● （Ready Meal）汉堡套餐、炒鱼套餐、油炸套餐、炒生姜套餐、干炸套餐、古老肉套餐。

●（冷冻米饭）白米饭、麦饭、菜饭、炒饭、菜肉烩饭、西班牙海鲜饭、鱼贝鸡米饭、肉汁烩饭、烤饭团、红米饭、小豆糯米饭。

6月 销售主题及重点宣传商品

1. 常备菜（食）、抗菌食品特辑

促销时间：月初的一周时间。

梅雨季节湿度高，食物中毒的危险性也较高。所以本周的促销商品主要为便于保存的常备菜（食）和抗菌食品。

宣传商品：填充豆腐、凉粉、纳豆、常温面条、韩国泡菜、米糠酱菜、老咸菜丝、梅干、腌蕌头、腌生姜、甜烹海带、甜烹鱼贝类、煮豆、袋装沙拉、煮菜、日式调味料、蔬菜＆水果饮料、常温牛奶、豆浆、醋饮料、原味酸牛奶、酸奶饮品、乳酸菌饮料、常温面包。

卖场陈列：常备菜中有可常温保存的商品，所以大量靠边陈列即可。相反，保质期短的高鲜度商品要注意陈列数量。活用有醋酸功效、辣椒功效、曲霉菌功效、纳豆功效、乳酸菌功效等标识的抗菌食品。

速冻食品、冰淇淋 中华料理＆韩国料理展销会

出售方法：积极促销韩国料理中的健康韩国汤。企划中国料理和韩国料理的展销会。

宣传商品：

● （中华料理）煎饺、烧麦、炒饭、炒面、中华面、担担面、古老肉、八宝菜、芙蓉蟹、中华馒头、小笼包、中华粽子。

● （韩国料理）泡菜炒饭、排骨炒饭、石锅拌饭、蔬菜煎饼、韩国辛拉面、韩国冷面、粥（鲍鱼、鳕鱼）、韩国汤（牛杂汤、辣牛肉汤、参鸡汤）。

2. 感恩父亲　父亲节特辑

促销时间： 父亲节前一周时间。

首先宣传父亲节蛋糕。另外，大力促销红酒、奶酪、沙拉、用奶酪做的料理。

宣传商品： 奶酪鱼卷、珍味鱼糕、奶酪细竹鱼糕、蟹棒、比萨、意大利实心面、小块奶酪（加工奶酪）、天然奶酪、用于沙拉的奶酪（马苏里拉奶酪）、混装奶酪、蛋糕材料（海绵蛋糕、无盐黄油、奶油奶酪）、法式面包、父亲节蛋糕。

卖场陈列： 鱼肉加工食品柜台以平面冷藏柜的形式对含有奶酪的鱼肉加工食品和用于沙拉的鱼肉加工食品进行促销。奶酪、乳制品的需求量在夏季会下降，所以父亲节是最后的促销机会，以平面冷藏柜的形式和红酒一起促销。

速冻食品、冰淇淋　父亲节也有意大利面和高级冰淇淋

出售方法： 父亲节当天冰淇淋的销量大，要注意防止脱销。意大利料理中，意大利面、汤、米饭类都是前菜。平面冷藏柜的两端摆放意大利面和高级冰淇淋。

宣传商品：

●（意大利面）冷冻生意大利面、那不勒斯式面条、奶油培根面、辣椒意大利面、肉酱、比萨、毛层面、海鲜饭、焗烤通心粉。

●（冰淇淋）高级冰淇淋、奶酪蛋糕、苹果派、日式点心（萩饼、大福年糕）

3. 梅雨季的热销菜单特辑

促销时间：清凉食品等凉菜是梅雨季里不受欢迎的商品。所以要大力促销温热的料理和火锅料理。

宣传商品：关东煮、韩国火锅汤（火锅、韩式豆腐锅）、中华火锅汤、火锅乌冬面、拉面、炒面、关东煮、菜饭食材（野菜、什锦、松蘑）、石锅拌饭、韩式盖浇饭、蔬菜煎饼、炒粉丝、中华馒头、烧麦、比萨、奶油烤菜、意大利面、热饮（可可饮料、甜酒）、玉米汤。

卖场陈列：关注一周天气预报，如果报道雨多且气温下降，就对夏日火锅进行促销。平面冷藏柜中对清凉食品进行传单特卖也是顺应气温而进行的新促销方式。

速冻食品、冰淇淋　边吃"TV晚餐"边观看运动比赛

出售方法：对观看比赛时吃夜宵（小吃）和冰淇淋的提案。"TV晚餐"是指用微波炉加热即食的料理，放在常用商品专柜销售。

宣传商品：

● （TV 晚餐）冷冻便当、意大利面、奶油烤菜、鱼肉鸡米饭、关东煮、炒饭、炒面、拉面、乌冬面、荞麦面、烤饭团、比萨。

● （冰淇淋）甜筒、冰棒、杯装冰淇淋、日式冰淇淋、圣代、冰点心。

4. 梅雨季期间的晴天清凉食品特辑

促销时间：一周左右。

梅雨季的晴天时，要大胆地推出清凉食品、冰爽饮料、冷甜点。

宣传商品：凉拌豆腐、凉粉、生魔芋、鸡蛋豆腐、凉面、荞麦面、乌冬面、果汁饮料 1L、凉茶、咖啡、牛奶咖啡、乳酸菌饮料、水果果冻、冰淇淋。

卖场陈列：不要进行传单特卖，而是有计划地进行店内促销。如果一周天气预报说会有两天以上是晴天，就是促销的好时机。梅雨季里要分别制订"雨天卖场"和"晴天卖场"的卖场计划及相应的库存量，根据天气设定卖场。例如，雨天时平面冷藏柜放炒面、乌冬面、酸奶、布丁，晴天时放凉面、荞麦面、果冻、果汁饮料。

速冻食品、冰淇淋 满满的爱！营养均衡的便当

出售方法：冷冻食品在上班日比周末卖得好。考虑到便当的营养均衡问题，可对"冷冻加工熟食蔬菜"进行提案。按料理的不同用途分别陈列"微波炉加热商品""需油炸商品""自然解冻即食商品"等。

宣传商品：

● （便当材料）杯装便当材料、炸肉饼、油炸食品、干炸食品、汉堡、煮鱼、烤鱼、煎鸡蛋卷、毛豆。

● （冷冻蔬菜）微波炉加热即食商品（凉拌菠菜、牛蒡菜、煮羊栖菜、煮鸡肉、豆腐渣、凉拌芝麻秋葵、黄油玉米粒）

7月 销售主题及重点宣传商品

1. 夏季中华料理展销会

促销时间：一周左右。

为预防食物中毒，建议消费者冷柜中的食品即使在保质期内也要加热后再食用。

宣传商品：中华点心（煎饺、水饺、辣饺、烧麦、馄饨、春卷、中华馒头、韭菜包子）、火锅汤、榨菜、中华料理配菜（古老肉、八宝菜、麻婆豆腐、麻婆茄子、回锅肉、青椒肉丝等）、面类（中华荞麦面、担担面、炒面）、中华汤（鸡蛋汤、蔬菜汤、鱼汤）、辣油、中华甜点（杏仁豆腐、芒果布丁、木薯椰子布丁）、中国茶、月饼、中华土豆。

卖场陈列：中华料理中，烧麦很畅销。不仅是蒸的、炒的、烤的食品，中华火锅等夏季火锅也要进行宣传。可同时开展中华料理的冷冻食品展销会。

速冻食品、冰淇淋 梅雨季里的方便食材！米饭和烤鱼

出售方法：可将"章鱼饭""章鱼糯米小豆饭"等放在平面冷藏柜和端架销售。另外，冷冻烤鱼也很受关注，所以要确保烤鱼柜台纵向在3尺以上。

宣传商品：

● （冷冻米饭）章鱼饭、章鱼糯米小豆饭、红米饭、野菜糯米小豆饭、关东煮、炒饭、烤饭团、油豆腐寿司。

● （冷冻烤鱼）盐烤鲐鱼、西京烤鲐鱼、盐烤鲑鱼、西京烤鲑鱼、盐烤多线鱼、盐烤秋刀鱼、西京烤秋刀鱼、烤鳗鱼串、烤鱿鱼。

2. 清凉食品特辑

促销时间： 一周左右。

梅雨季结束后，人们开始关注清凉食品，从这时起将迎来夏季商品的销售高峰期。在清凉食品的宣传中可对凉拌面、甜酒、日本传统调料进行重点促销。

宣传商品：

● （日式日配品）凉拌豆腐、鸡蛋豆腐、芝麻豆腐、清凉蒸鸡蛋羹、生魔芋、凉粉、海蕴、凉拌面（冷冻中华料理、荞麦面）、即食熟食制品（鱼糕、生鱼卷、细竹鱼糕、油炸小菜）、腌菜、日式调料。

● （西式日配品）牛奶、豆浆、果汁饮料、蔬菜饮料、咖啡、乳酸菌饮料、杯装饮料、甜酒、冰凉米糖、果冻、羊羹、冰淇淋、冰块。

卖场陈列： 确保烹调凉面的卖场在 6 尺以上。甜酒陈列杯装、袋装、瓶装的不同种类。夏季商品 7 月份的销售状况要比 8

月份好，所以不要错过销售时机。

速冻食品、冰淇淋 七夕节的清凉菜单

出售方法： 随着气温的上升，凉面的销量开始增加。可开发些不用高温杀菌，自然解冻后便能吃的凉面。冷冻调味汁、食材作为面的关联商品可同时销售。

宣传商品：

● （冷冻面）冷冻中华料理、凉面、凉意大利面、凉担担面、凉拌面、朝鲜冷面、乌冬面（3 餐装、5 餐装）、荞麦面（3 餐装、2 色）、面调味汁。

● （冷冻点心）冷冻大福、萩饼、糯米丸子、苹果派、奶酪蛋糕、蛋糕卷、冰淇淋泡芙、巧克力泡芙。

3. 暑假午餐为面类及冷冻食品

促销时间： 从暑假开始的那个周末后的一周时间。

孩子们要放暑假了。以午饭及零食的冷冻食品、面类、零食、甜点为主要宣传商品。尤其在冷冻食品、便当材料需求量减少的时期更要进行促销。

宣传商品： 冷冻食品（米饭、面类、小吃）、面类（冷冻中华料理、炒面、烤鳗鱼、水煮乌冬面、水煮荞麦面、流水面、煮面）、冷冻比萨、冷冻意大利面、冷冻甜点（酸奶、布丁、果冻）、果汁饮料、蔬菜饮料、乳酸菌饮料、冰淇淋、冰点心、冷冻蛋糕、冷冻日式点心。

卖场陈列：扩大微波炉食品的米饭、面类、零食、甜点的卖场。冷餐面中主推凉调理面和不需加热的流水面。对面调味汁、中华凉面的汤汁、盖浇面汤、凉担担面的汤汁、自选食材等要增加商品的种类。

速冻食品、冰淇淋 为孩子们准备的午间西式茶点

出售方法：暑假期间便当材料不好卖，冷冻食品的销售额也很低落，但可将 Ready Meal 和小吃作为孩子们的点心和午餐食材进行重点宣传。还可进行搭配销售。

宣传商品：

● （Ready Meal 类）冷冻便当、菜类套餐（烤鲑鱼、炒生姜、汉堡牛肉饼、炸猪排、干炸食品、日式炸猪排盖浇饭、鸡肉鸡蛋盖浇饭、鸡蛋饼包饭）。

● （西式小吃）冷冻比萨、薄煎饼、比利时华夫饼、法国吐司、玉米热狗、汉堡包。

4. 韩国辣料理、民族特色料理特辑

促销时间：周末的 3 天、4 天时间。

随着孩子们暑假的到来，也迎来了烤肉、野外烧烤的季节。尤其是周末，要加强对烤肉、野外烧烤相关的大型包装商品的销售。对注意健康及饮食均衡的韩国料理、一些较辣的民族特色料理菜单也要进行促销。

宣传商品：（韩国料理）韩式豆腐汤、韩式锅汤、参鸡汤、

石锅拌饭、汤泡饭、蔬菜煎饼、炒粉丝、泡菜炒猪肉、韩国冷面、韩国拉面、泡菜（白菜、萝卜、黄瓜）、韩国珍味。（民族特色料理）泰式咖喱、泰式炒面、泰式炒饭、泰国汤、印度咖喱、馕。

卖场陈列：现在开设韩国料理专柜的店越来越多。但即使是 6 尺的泡菜柜台，每位消费者也只会购买 1 个。所以需要一并销售其他韩国料理食材，以增加顾客购买商品的数量。

速冻食品、冰淇淋："土用丑之日"当然是鳗鱼

"土用丑之日"这天要销售鳗鱼相关的商品。而这时也恰是冰淇淋的销售高峰期，所以要导入平面冷冻柜和冰块专用冷冻柜。库房要保证库存，防止商品脱销。

宣传商品：

● （米饭）鳗鱼相关（鳗鱼米饭、鳗鱼饭、鳗鱼散寿司饭、鳗鱼卷、鳗鱼糯米小豆饭）、炒饭、关东煮、烤饭团、糯米小豆饭●（冰点心）杯装冰点心、组合装冰点心（红豆、草莓、蜜瓜、柠檬、西瓜、芒果、荔枝、牛奶）

8月 销售主题及重点宣传商品

1. 家庭出游！户外旅行用品特辑

促销时间：一周左右。

8月，很多人会为了避开盂兰盆节的返乡高峰而选择提前休假。所以这期间要主要宣传爬山、去海边游玩、户外旅行时需要的食品。

宣传商品：（出游便当用食材）调味油炸豆腐、饭团食材、碎腌菜、梅干、蟹棒、生鱼卷、甜烹海带、用于便当的冷冻食品、三明治、用于三明治的长面包、黄油、瓶装饮料、杯装饮料。（户外旅行、野外烧烤用食材）炒面、炒乌冬面、凉面、即食咖喱、无菌包装饭、韩国泡菜、石锅拌饭。

卖场陈列：集中陈列出游相关商品。建议出售毛豆、煮菜等自然解冻食品。保冷箱、保冷袋、冷冻塑料瓶、免费冰、免费干冰等也要准备一些。

速冻食品、冰淇淋 去海边，去爬山！游玩用品特卖

出售方法：重点宣传、销售便于野外烧烤及烤肉的配菜、茶点、可用作保冷剂的冷冻塑料瓶装饮料。可自然解冻的冷冻食品有保冷作用。将"下酒菜"和"冷冻饮料"陈列在端架或平台上，布置出一个"出游用品"卖场。

宣传商品：

● （下酒菜）炸鸡、油炸鸡肉、炸土豆、烤鸡肉串、烤肉丸、烤鸡翅尖、煎饺、烧麦、毛豆、蚕豆、咸煮花生。

● （冷冻塑料瓶装饮料）可以冷冻的塑料瓶、铝瓶装饮料、杯装冰水、冰块。

2. 盂兰盆节的招待美食、家乡的味道

促销时间： 一周左右。

盂兰盆节时招待返乡人的是以日餐为中心的乡土料理。本周重点促销有乡土特色的日式食材、下酒菜、甜点心。

宣传商品： （日式食材）煮菜材料（烤豆腐、轻炸豆腐块、炸鱼肉饼）、家乡腌菜、甜烹海味、红米饭、糯米小豆饭、荞麦面、乌冬面。（下酒菜）凉拌豆腐、生魔芋、即食熟食制品（板状鱼糕、生鱼卷、细竹鱼糕、珍味鱼糕）、海鲜珍味、调理汁（金山时、大蒜、生姜）、日本传统调料、山形高汤、芥末酱菜、山海腌菜。（甜点）盂兰盆节丸子、三色糯米丸子、萩饼、水羊羹、洋粉果冻、蕨饼、葛粉粉丝。

卖场陈列： 充分准备好各种"乡土料理食材"及"乡土食品"相关商品，进行促销。同时不要忘记准备一些包装好的物产礼盒。

速冻食品、冰淇淋 盂兰盆节用当地料理"款待"客人

出售方法：扩大 B 级美食等当地特色速冻食品、当地特色冰淇淋的卖场并进行大力促销。在此期间，缩小便当材料、油炸食品等的卖场，新设特产柜台。还要准备好用于冷冻快递的保冷箱。

宣传商品：（当地特产速冻食品）冷冻面、冷冻米饭、日式点心、西式点心、谷物面包、蛋糕、零食、当地 B 级美食、烤鱼、水煮鱼、煮菜、炸牛肉薯饼、炸肉饼。（特色冰淇淋）当地特色冰淇淋、意式冰淇淋、当地水果、冷冻蛋糕、冰点心。

3. 秋季美食市

促销时间：月末的一周左右。

过了盂兰盆节，人们的味觉会明显转向秋季。本周开展以秋季商品和热销菜单为中心的商品促销。随着早晨、晚上气温的降低，餐桌上的食品从凉面变成了米饭类、面食类。此时可以进行新米、米饭相关、面食相关食品的促销。

宣传商品：关东煮（即食关东煮、生关东煮材料组合、关东煮熟食制品、牛筋串）、魔芋块、魔芋结、关东煮用的汤汁、菜饭食材（松茸、蘑菇、什锦、栗子）、比萨、奶油烤菜、热销蛋糕、华夫饼、玉米热狗、日式煎饼、章鱼烧、玉米汤、泡芙、巧克力泡芙、羊羹、栗子包。

卖场陈列：盂兰盆节结束后，可以用枫叶、芒草、栗子、柿子等营造出秋天的气氛。

速冻食品、冰淇淋 提前品尝秋天的味道

出售方法：首先对冷冻蔬菜、冷冻关东煮材料进行大力促销。可以将冷冻关东煮相关商品集中放到一台冷冻柜中进行散装销售。冷冻蔬菜中可推出芋头和南瓜。

宣传商品：（冷冻蔬菜）冷冻芋头、南瓜、日式混合蔬菜、中式混合蔬菜、西式混合蔬菜、汤料、猪肉酱汤料、炒蔬菜。（冷冻鱼肉加工食品）乌贼卷、牛蒡卷、炸胡萝卜鱼肉饼、烤肉丸、年糕包、炸鸡蛋、牛筋、圆白菜、香肠卷。

4. 对抗秋老虎的能量食品专场

出售方法：8 月的秋老虎让人难以忍受，人容易出现食欲不振等情况。这时需要一些香辣调味料来刺激胃以增进食欲。因此，本周主要以中华料理、韩国料理、民族特色料理为中心进行促销。

宣传商品：中华料理食材（糖醋里脊、八宝菜、麻婆豆腐、糖醋虾仁、青椒肉丝），饺子，春卷，担担面，榨菜，腌蒜。韩国料理食材（猪肉泡菜、石锅拌饭、韩式蔬菜煎饼），泡菜，韩国珍味，韩国冷面，石锅拌面，咖喱、馕，民族特色咖喱，甜酒，醋饮料。

卖场陈列：辛辣料理食材等可放到冷藏柜里进行集中促销。咖喱类可陈列印度咖喱、泰国咖喱（绿色、红色、黄色）等。

另外，豆瓣酱、韩国大酱、辣酱、甜面酱等民族特色料理的相关调味料、香料也可进行关联销售。

速冻食品、冰淇淋为新学期做准备！便当食材

出售方法： 新学期开学前要着力宣传"冷冻便当材料"。冷冻食品卖场重新扩展至原来的卖场规模。冰淇淋由冰点心系列转为奶油系列，巧克力、红豆、甜筒系列。将冷柜两端的冰淇淋替换为冷冻食品。

宣传商品：

● （冷冻便当材料）小包装冷冻小菜、炸鸡、炸白鱼、炸猪排、烧麦、油炸丸子、迷你汉堡。

● （冰淇淋）高级冰淇淋、组合装冰淇淋、圣代。

9月 销售主题及重点宣传商品

1. 新学期大促销

促销时间：一周。

9月会迎来新学期。大力促销简单早餐、不需要花太多时间烹饪的便当"早餐菜单""切好的商品""小包装商品""自然解冻速冻食品""微波炉加热即食食品""面包"等。

宣传商品：（切好的商品）切好的煎蛋、切好的鱼糕、奶酪鱼卷、蟹棒。（小包装商品）煎蛋卷、豆腐汉堡饼、汉堡牛肉饼、肉丸、煮豆、甜烹海味、沙拉、煮菜。（冷冻食品）杯装便当材料、油炸丸子、炸鸡块、炸虾、肉丸、汉堡牛肉饼、炒面、意大利面。（面包）长面包、甜面包、丹麦面包、用于三明治的面包。

卖场陈列：冷藏商品可设米饭专区、便当材料专区，并以其便利性为卖点进行促销。冷冻商品需清楚地标识出是自然解冻食品还是微波炉加热解冻食品。

速冻食品、冰淇淋 将秋天的味道烤出来、煮出来

出售方法：此时新米和秋天的应季食物开始上市，是煮菜和米饭的季节。大力促销芋头、南瓜、扁豆等已经处理过的冷冻蔬菜和混合蔬菜。因为使用了蔬菜的冷冻煮物、拌菜、沙拉越来越受欢迎，所以可在冷冻蔬菜旁边新设冷冻煮菜、沙拉的柜台。

宣传商品：

● （冷冻蔬菜）芋头、菠菜、南瓜、扁豆、日式·中式·西式混合蔬菜、汤料、猪肉酱汤料。

● （冷冻煮菜、沙拉）可微波炉加热的商品（凉拌芝麻菠菜、炒牛蒡丝、煮羊栖菜、豆腐渣、凉拌芝麻秋葵、土豆沙拉）。

2. 活性菌食品特辑（乳酸菌、纳豆菌、曲霉菌、醋酸菌）

促销时间：两周左右。

因台风季节里湿度较大，人容易出现食物中毒。食物中毒是由腐败菌等有害细菌的繁殖引起的。本周特辑为对抗有害细菌的有益细菌。

宣传商品：纳豆、丹贝、曲子、板酒糟、盐曲、爆腌咸萝卜、三五八腌菜、甜酒、米糠腌菜、京腌菜、醋腌菜、乳酸菌饮料、酸奶饮料、纯酸牛奶、4盒装酸奶、里海酸奶（醋酸菌）、椰果（醋酸菌）、黑醋饮料、曲霉菌面包、使用了曲子的日式点心（红曲樱花饼等）。

卖场陈列：设活性菌专场，用POP等对该类商品的功效（特定保健用品）进行促销。可建议制作印度烤鸡等使用酸奶的料理、点心，用盐曲腌制的鱼、肉等。

速冻食品、冰淇淋 秋季的色彩！出游便当

出售方法：本周大力促销"出游便当材料"和"冷冻面包"。其中冷冻面包，可主推"营养面包"和"贝果面包"。

宣传商品：

● （冷冻便当材料）小份装冷冻配菜、干炸鸡块、炸鸡肉、烧麦、炸白鱼、炸猪排、炸丸子。

● （冷冻面包）全麦面包、黑麦面包、五谷面包、糙米面包、核桃面包、葡萄干面包、贝果面包、司康面包、椒盐卷饼、英国松饼、意式薄饼、面包条。

3. 敬老日 日餐展销会

促销时间："敬老日"前一周。

敬老日主要促销祈求健康、长寿的日式菜单。本周的推荐主题是日餐中的"喜庆食材"和"长寿蛋糕"。

宣传商品：火锅汤、煮菜材料（面筋、烤豆腐、油炸豆腐、油炸豆腐团、魔芋、炸胡萝卜肉饼、鱼卷）、板鱼糕、煎鸡蛋卷、甜煮栗子、煮豆（五色豆、黑豆、金时豆）、海带卷、甜烹西太公鱼、腌白菜、腌芜菁片、腌红芜菁、松前腌菜、羊羹、荞麦面、红米饭、长寿蛋糕、红白包子、白糖粳米糕、手工蛋糕材料。

卖场陈列：大力促销使用了鲷鱼、金眼鲷鱼、红鱼、牛肉、猪肉、生火腿等的红色食品。可在冷藏柜上贴上"敬老日喜庆料理"的标题板。日式日配以"祝福膳食"、西式日配以祝福蛋糕及甜品为主要卖点。同时不要忘记手工蛋糕材料的备货。

速冻食品、冰淇淋 秋分必须有煮菜和油炸食品

出售方法：宣传能用于煮菜、关东煮、拌菜、拌青菜、炒菜、汤汁的冷冻日式蔬菜。冷冻日式、西式点心以自然解冻即食的有馅食品为中心展开促销。西式点心有奶油蛋糕类、泡芙、巧克力泡芙等。

宣传商品：

● （冷冻日式蔬菜）冷冻芋头、藕、牛蒡、南瓜、扁豆、菠菜、油菜、日式混合蔬菜、猪肉酱汤料、鱼圆汤材料。

● （冷冻日式、西式点心）鲷鱼烧、今川烧、中华馒头、大福饼、萩饼、糯米丸子、羊羹（栗子、薯）、苹果派、奶酪蛋糕。

4. 五谷丰登展销会

促销时间：一周左右。

所谓五谷就是米、麦、豆、谷子、稗子（也叫黍子）。本周主题为秋天大丰收，可促销包括新收五谷的商品和面包，秋季腌渍蔬菜。积极促销糙米、麦片、十六稻米等的关联商品。

宣传商品：菜饭材料（松茸、蘑菇、栗子、野菜）、煮豆（黑豆、金时豆、海带豆、多福豆、白花豆）、烤豆腐、油炸食品、油炸豆腐团、纳豆，用本地面粉制作的乌冬面、中华面条，加有麦麸的食品（中华面、饺子、烧麦、中华馒头）、面包（天然酵母、米、黑麦、糙米食品、谷物食品、全麦粉、含有坚果的食品）、米、麦、使用杂粮制作的和式点心。

卖场陈列：建议菜单为把糙米、麦饭、含有谷物的米饭混在一起做成的"五谷丰登饭"。把菜饭材料和谷物米放在一起进行关联销售。面包可把黑麦、麦麸、核桃等不同种类的商品混在一起设置"五谷丰登面包展销会"。

速冻食品、冰淇淋 五谷丰登 米、谷物特辑

出售方法：宣传有秋季味道的用蘑菇、栗子制作而成的冷冻菜饭、红豆糯米饭。扩大传统商品柜台。冷冻关东煮材料则进行散装销售。

宣传商品：

●（冷冻米饭）松茸饭、蘑菇饭、栗子饭、红米饭、野菜糯米饭、蘑菇糯米饭、关东煮、炒饭、烤饭团、鱼贝鸡米饭、西班牙海鲜饭、米饭汉堡。

●（冷冻鱼肉加工食品）乌贼卷、牛蒡卷、炸胡萝卜肉饼、烤肉丸、糯米包、牛筋。

10 月　销售主题及重点宣传商品

1. 运动之秋、秋季节庆活动　大型包装特辑

促销时间：一周左右。

因为这时的户外活动有薯煮会、蘑菇锅料理、野外烧烤、运动会等，所以要大力促销出游所需的大型包装商品。

宣传商品：（户外大型包装商品）烤豆腐、炸豆腐、魔芋条、球状魔芋、火锅汤、关东煮材料、乌冬面、炒面、韩国泡菜、腌菜、纸包装饮料、冷冻食品（混合蔬菜、毛豆、芋头、炒饭、菜肉烩饭）、冰。（出游便当）调味油炸豆腐、散寿司饭食材、饭团食材、用于制作三明治的长面包、黄油、人造黄油、奶酪、冷冻食品（干炸食品、炸虾、汉堡包、土豆、杯装家常菜）、杯装饮料。

卖场陈列：对从秋天开始需求量增加的食材推出大包装商品，目的是提高平均单价。提前收集地区性的运动会、节日等信息，然后开展商品预约活动。

速冻食品、冰淇淋　秋季的热料理

出售方法：深秋，温热料理开始登上人们的餐桌。本周推出热面条特辑，宣传冷冻乌冬面、荞麦面、拉面。扩大冷冻乌

冬面卖场，并逐渐减少冰淇淋的销售。

宣传商品：

●（冷冻面）加肉乌冬面、清汤面、油炸荞麦面、炒饭、乌冬面（3 餐份）、乌冬面（5 餐份）、乌冬面（2 餐份）、拉面（酱油、大酱、盐）、蘸汁面、担担面。

●（冰淇淋）巧克力冰淇淋、糯米馅冰淇淋、甜筒、牛皮糖、泡芙。

2. 享受红酒和料理的意大利食品展销会

促销时间：一周左右。

临近 11 月博若莱新酒的上市日，可以进行奶酪、意大利面、面包的促销。同时销售黄油，用奶酪、橄榄油制作的意大利面，比萨，西式炖菜、西式火锅。

宣传商品：生意大利面、冷冻意大利面（无调味酱）、意大利面酱、比萨、奶汁烤菜、焖饼、浓菜汤、奶酪丝、帕尔玛干酪、马苏里拉奶酪、卡门培尔奶酪、提拉米苏、意大利冰淇淋、长条面包、全麦面包、核桃面包、谷物面包。

卖场陈列：要突出生意大利面和干意大利面的不同点。比萨准备那不勒斯比萨、米兰比萨、美国比萨三种。其他相关商品，可对橄榄油、辣酱、番茄酱、比萨调味汁、帕尔玛干酪、生火腿、培根、香肠、罗勒调味汁、西红柿干、干制猪肉、西式腌菜进行促销。

速冻食品、冰淇淋 3 天连休时开展地中海料理展销会

出售方法：着力促销西班牙料理、意大利料理。各部门实行交叉促销计划。冷冻食品的备货以意大利面、米饭为中心。甜点以意式冰淇淋为卖点。

宣传商品：

● （冷冻小吃）冷冻生意大利面（意大利面、意大利通心粉）、那不勒斯式面条、奶油培根面、辣椒意大利面、肉酱、比萨、千层面、西班牙海鲜饭、焗烤通心粉。

● （意式冰淇淋）草莓、蓝莓、蜜瓜。

3. 秋天米饭、汤菜美食节

促销时间：一周左右。

大力促销菜饭，用秋季蔬菜制作的汤、煮菜、拌菜等相关商品。进行灵活运用水煮蔬菜、冷冻蔬菜、火锅、料理底料等做各种美味料理的提案。

宣传商品：（米饭相关）菜饭食材、拌饭食材、石锅拌饭、汤泡饭食材、杂烩粥、意式肉汁烩饭、西班牙海鲜饭食材、鱼贝鸡米饭食材、红米饭、糯米小豆饭。

（汤、火锅料理相关）烤豆腐、油炸豆腐、面筋、魔芋丝、魔芋丝结、火锅用鱼肉加工食品、真空包装食品（鱼圆汤、杂烩汤）、火锅汤。

卖场陈列：宣传"当地特产汤"。因为拌饭比菜饭的制作简单，所以越来越受人们欢迎。进行用杂粮饭、麦饭、糙米等做菜饭和拌饭的提案。

速冻食品、冰淇淋 10 月 18 日冷冻食品节

出售方法： 10 月 18 日是冷冻食品节。可宣传目前颇受欢迎的 Ready Meal、冷冻烤鱼。

宣传商品：

● （Ready Meal）冷冻便当、套餐菜肴（烤鲑鱼、煮鲭鱼、炒生姜、汉堡牛肉饼、炸猪排、油炸食品、盖浇饭、亲子盖浇饭、鸡蛋饼包饭）。

● （冷冻烤鱼）盐烤秋刀鱼、烤鲭鱼、西京烤鲭鱼、盐烤鲑鱼、西京烤鲑鱼。

4. 超辣亚洲火锅、汤特辑

促销时间： 一周左右。

此时是梭鱼、鳕鱼、牡蛎、螃蟹、鲍鱼等鱼上市的季节。大力促销超辣韩式火锅、火锅、担担火锅，豆腐、咖喱火锅等亚洲火锅，鳕鱼汁、鲍鱼汁、螃蟹汁。

宣传商品： 亚洲火锅汤、韩式火锅、豆腐、油炸食品、腐竹、葛粉丝、粉丝、火锅用鱼肉加工食品（鱼丸、蟹棒、鱼糕）、火锅用中华点心（水饺、烧麦、馄饨、肉丸）韩国泡菜、饼、鸡蛋、中华面条、乌冬面。关联促销商品有豆浆、牛奶、苦椒酱、辣油、咖喱粉、辣椒汁、芝麻油。

卖场陈列：汤底对于亚洲火锅来说非常重要，换一种汤底，火锅就会是不同的味道，所以要准备好不同口味的火锅汤底。在中华食品柜台推出"中华点心锅料理套餐"，在鱼肉加工食品柜台推出"火锅套餐"等。另外可建议通过在火锅中加入牛奶、豆浆来缓和辛辣的适合儿童食用的火锅菜单。

速冻食品、冰淇淋 热乎乎的中华料理展销会

出售方法：10月、11月是手工饺子、冷冻饺子、烧麦畅销的时期，可设冷冻柜台进行促销。小吃类以日式煎饼、章鱼烧、中华馒头为主进行促销。

宣传商品：

● （冷冻中华料理）煎饺、烧麦、炒饭、馄饨、炒面、中华荞麦面、古老肉、八宝菜、芙蓉蟹、中华馒头、小笼包、中华粽子。

● （冷冻小吃）炸鸡、炸鸡块、玉米热狗、薄煎饼、日式煎饼、章鱼烧。

11 月 销售主题及重点宣传商品

1. 家庭聚餐 世界火锅特辑

促销时间：一周左右。

深秋是热火锅的季节。以"世界的火锅"为主题，促销火锅材料和主食类的米饭、面类、饼、面包。

宣传商品：中式火锅材料（豆浆汤、火锅汤）、中式点心锅材料（汤、饺子、烧麦、馄饨、肉丸、包子）、韩式火锅材料（菜汤、泡菜汤、辣白菜）、民族风味火锅材料（咖喱汤、馕）、罗宋汤材料（罗宋汤）、奶酪火锅材料（奶酪、软奶酪）。关联商品有中华面条、锅贴、无菌包装米饭、长面包、法国面包。

卖场陈列：建议人们在常见的火锅中加入番茄酱、番茄干、黄油、奶酪等使火锅更有创意。砂锅、铁锅、奶酪锅等可陈列在旁边进行促销。用 POP 建议人们把盒装米饭直接放入火锅中，比用微波加热后再放入火锅中好吃。

速冻食品、冰淇淋 一家人围坐起来吃火锅

出售方法：进入 11 月气温开始下降，是吃"热面条"的季节。主推汤、面、配料套装的肉乌冬面等冷冻烹调面。拉面、饺子是中华料理的基本型商品。

宣传商品：（冷冻面）肉乌冬面、清汤面、天妇罗面、杂烩、5餐份乌冬面、3餐份乌冬面、2餐份荞麦面、拉面（酱油、大酱、盐）、蘸汁面、担担面。（冷冻中华料理）煎饺、烧麦、炒饭、炒面、中华荞麦面、古老肉、八宝菜、芙蓉蟹、中华馒头。

2. 博若莱新酒上市日 西式食品展销会

促销时间：一周左右。

促销与红酒搭配的乳制品、面包。也可开始销售圣诞节相关商品。

宣传商品：天然奶酪（卡门培尔干酪、戈根索拉奶酪）、加工奶酪（硬质、半硬质、烟熏）、比萨、焖饼、奶汁烤菜、汤类（玉米汤、南瓜汤、浓菜汤、蛤蜊浓汤）、意大利面（奶油培根面、那不勒斯式面条、辣椒意大利面）、西式料理材料（炖汉堡牛肉饼、圆白菜）、奶酪火锅、餐桌面包。关联商品有橄榄菜、西红柿干、干制猪肉、番茄酱、凤尾鱼酱、腌海鲜、橄榄油。

卖场陈列：不仅要增加奶酪类的西式菜单，还要大力促销法国面包、田园风法国面包、杂粮/黑麦/葡萄干/核桃面包等。与奶酪相关的食品可陈列水果干、蜂蜜、咸饼干。

速冻食品、冰淇淋 庆祝博若莱新酒上市

出售方法：宣传炖菜料理、汤等与红酒相配的晚餐菜单，及奶酪＆冷冻水果、冰淇淋＆冷冻水果。还要陈列制作手工蛋糕时用的冷冻生奶油。

宣传商品：

● （冷冻晚餐食材）午餐汉堡牛肉饼、西式牛肉焖菜、酸奶油牛肉、蔬菜牛肉浓汤、炖牛舌、牛尾汤、红烧猪肉、汤类（浓菜汤、蛤蜊浓汤）。

● （冷冻水果）草莓、蓝莓、覆盆子、芒果。

3. 热面条特辑

促销时间：一周左右。

与蔬菜卖场联合，出售用日式切割蔬菜、中式切割蔬菜、西式切割蔬菜、配有熟肉的冷冻切割蔬菜制作的营养面。

宣传商品：1餐份（乌冬面、荞麦面）、中华面条、1餐份蒸面、生面（乌冬面、荞麦面）、浇汁炒面、上海炒面、酱炒面、冷冻意大利面、生意大利面、意大利面酱、配有冷冻肉的切割蔬菜（日式、中式、西式）。关联商品有乌冬面汤、面条汁、炒面汁、切割蔬菜、炸鱼虾时的碎渣、炸什锦、酱油鸡蛋、干笋、叉烧肉、甜煮鲱鱼、黄油、帕尔玛干酪等。

卖场陈列：对蔬菜卖场的日式、中式、西式切割蔬菜、调味蔬菜、肉禽卖场的散装猪肉小包装、份装培根、火腿、午餐罐头、鱼肉香肠等进行关联促销。同时给人们介绍将这些配菜微波加热后再放入锅或煎锅的话会更便于烹饪这样的小窍门。

速冻食品、冰淇淋 炖菜菜单

出售方法：本周宣传温热身体的"汤""炖煮料理""用酪

制作的料理"。可用"咕嘟咕嘟炖菜料理"等POP进行宣传。

宣传商品：（炖煮料理）煮汉堡牛肉饼、牛肉焖菜、奶油炖菜、酸奶油牛肉、炖牛舌、蔬菜牛肉浓汤、汤。（奶酪料理）比萨、奶汁烤菜、千层面、意式肉汁烩饭、鱼贝鸡米饭。

4. 冬季美食、吉利食材市场

促销时间：一周左右。

一个月后将迎来年末商战，此时可开始出售冬季食材、料理，年节菜食材。年节菜的寓意是给那一年的灾害和不幸画上句号，为新的一年寄托祝福。

宣传商品：（日式日配）鱼糕（红白）、伊达卷、珍味鱼糕、珍味豆腐（海胆、螃蟹、鳕鱼子）、海带卷（大、中、小）、松前腌菜、青鱼子山海腌菜、腌萝卜干、鱼贝类珍味、腌鱼贝、酱芜菁片、红白醋拌萝卜丝、黑豆、金时豆、栗子金团、沙丁鱼干、荞麦面。

（西式日配）牛奶、豆浆、可可饮料、紫色果汁饮料、热柠檬、姜汤、柚子汤、甜酒、年糕小豆汤、小豆粥、高级冰淇淋。

卖场陈列：展开吉利食品、年节菜食材、季节商品的销售。饮料柜台可陈列在在热牛奶、热豆浆中添加了粉末麦芽、黄豆粉、青汁粉末等的"冬季健康热饮"并进行促销。

速冻食品、冰淇淋 圣诞节、年节菜大促销

出售方法：促销圣诞节的冷冻蛋糕材料、冷冻蛋糕，年末、年初的冷冻年节菜及其材料。另外，还可以出售年节菜用的多层方木盒。

宣传商品：

● （冷冻蛋糕）圣诞节蛋糕、蛋糕坯、奶油冰淇淋、小蛋糕、蛋糕卷、薄煎饼、华夫饼、奶酪蛋糕、苹果派。

● （冷冻年节菜食材）多层方木盒装年节菜、年节菜套餐、红烧猪肉、叉烧肉、鸡肉卷、烤鲷鱼。

12月 销售主题及重点宣传商品

1. 圣诞节、年末用品展销会

促销时间：一周左右。

12月，最大的活动便是圣诞节商战和年末商战。从月初开始开展圣诞节商品材料、年节菜食材、迎新荞麦面等的促销。通过展销会上的试吃，可以起到宣传商品的作用，还能起到为孩子们介绍日本传统食品文化的作用。

宣传商品：（圣诞节商品）圣诞节蛋糕预约、花蛋糕、蛋糕材料、比萨、冷冻食品（鸡肉、比萨、土豆、冷冻蔬菜）、饮料、奶酪。

（年末商品）鱼糕（红、白、烤制）、伊达卷、红白鱼肉卷、鱼肉山芋饼、金团栗子、甜煮栗子、黑豆、海带卷、松前腌菜、甜煮鲱鱼、沙丁鱼干、甜煮西太公鱼、红白醋拌萝卜丝、酱芜菁片、迎新荞麦面。

卖场陈列：各商品区都摆上圣诞节、年末促销商品，以增添节日氛围。预计会减价或即将废弃的商品要尽早拿出来做试吃活动。

速冻食品、冰淇淋　在发放年终奖之际，举办意大利食品展销会

出售方法：临近发放年终奖的时期，人们都想用红酒和意大利料理来犒劳自己。这个卖场一直持续到圣诞节。

宣传商品：

● （意大利料理）冷冻生意大利面（意大利面、意大利通心粉）、奶油培根面、辣椒意大利面、肉酱、比萨、千层面、意式肉汁烩饭、奶汁烤菜、鱼贝鸡米饭。

● （意式冰淇淋）草莓、蓝莓、柠檬、芒果、覆盆子、石榴。

2. 小吃 & 手工蛋糕展销会

促销时间：一周左右。

为了进行圣诞节商战，要大力促销小吃、甜点、蛋糕、手工蛋糕材料、饮料。可进行亲子共同制作手工蛋糕卷等提案。还可开发些蛋糕卷垫纸，发放一些用保鲜膜便可制作的简单菜谱。

宣传商品：（小吃）比萨、薄煎饼、比利时华夫饼、焖饼、玉米热狗。（蛋糕材料）西式蛋糕（原味、巧克力味）、奶油蛋糕（原味、巧克力味）、奶油甜筒、无盐黄油、奶酪、用于制作蛋糕的人造黄油、混合水果、蛋糕卷、磅蛋糕、小块蛋糕、戚风蛋糕、冰淇淋蛋糕、巧克力饮料。

卖场陈列：卖场里要准备些圣诞节蛋糕的样品和预约用纸。

确保西式蛋糕和新鲜甜点摆放在高6尺以上的柜台上。

速冻食品、冰淇淋 多彩绚丽！圣诞节菜单

出售方法： 迎接圣诞节。圣诞节聚会用品在圣诞节之前很畅销，圣诞节当天就不好卖了。另外冰淇淋在圣诞节当天畅销，所以不能错过销售时机。

宣传商品：

● （冷冻鸡肉）烤鸡肉（丸子、鸡腿）、炸鸡、土豆。

● （冷冻蛋糕）圣诞节蛋糕、什锦蛋糕、蛋糕坯、冷冻奶油、水果酱。

● （冷冻水果）草莓、蓝莓、覆盆子、芒果、桃子。

3. 圣诞节用品特辑

促销时间： 圣诞节前的一周时间。

23-25日的主打商品为即食蛋糕、冰淇淋，用于制作沙拉的鱼肉加工食品、奶酪、汤。

宣传商品：（蛋糕材料）促销商品与第一周、第二周相同。圣诞节当天出售的蛋糕、新鲜甜点、冰淇淋。（沙拉材料）蟹棒、奶酪鱼糕、珍味鱼糕、新鲜马苏里拉奶酪、卡门培尔干酪、汤（玉米汤、南瓜汤、豆汤、蛤蜊浓汤、浓菜汤）、冷冻蔬菜（玉米、混合蔬菜、土豆）。

卖场陈列： 活用日式日配的冷冻柜进行圣诞节商品材料的宣传。22日前大量销售蛋糕材料。蛋糕、沙拉材料、冰淇淋在

23 日、24 日的聚会当天销量最好。23 日为集中购买日，25 日购买量可能会下降。

速冻食品、冰淇淋 简单年节菜！不费事又丰盛

出售方法：建议销售冷冻年节菜、烤鱼、叉烧肉等并大力宣传其便利性。为了提高年末冷冻食品的销售量，要扩大冰淇淋卖场。

宣传商品：

● （冷冻年节菜材料）多层方木盒装年节菜、年节菜套餐、红烧猪肉、叉烧肉、鸡肉卷、烤虾、烤螃蟹、烤鲷鱼、烤梭鱼、烤鲑鱼。

● （冰淇淋）巧克力冰淇淋、糯米馅冰淇淋、甜筒、牛皮糖、铝制容器装的冰淇淋。

4. 祝福来年 除夕市场

促销时间：一周时间。

新年料理饱含着人们"祈祷新的一年会更好"的愿望。本周主推年节菜。

宣传商品：（年节菜、杂煮材料）年节菜套餐、面筋、什锦鸡蛋羹、鱼糕（红、白、烤制）、伊达卷、红白鱼肉卷、鱼肉山芋饼、金团栗子、甜煮栗子、黑豆、海带卷、松前腌菜、甜煮鲱鱼、沙丁鱼干、甜煮西太公鱼、红白醋拌萝卜丝、酱芜菁片、什锦羊羹、混装年节菜、新年荞麦面（煮、生）、配菜、年糕、乌冬面（迎新年用）、高级点心。（年糕相关商品）豆沙馅、毛豆泥馅、年糕小豆汤、年糕小豆粥。

卖场陈列：鱼糕、蟹棒生鱼卷除了可以生吃外还可以加热，所以要以此为卖点进行促销。

速冻食品、冰淇淋 拜年礼特辑

出售方法：28 日、29 日、30 日冷冻食品的销售量锐减，冰淇淋的销售量急剧上升，所以不能错过年末销售时机。冰淇淋的销售量将在 31 日达到最大值。

宣传商品：

● （冰淇淋）冰淇淋（朗姆葡萄干、草莓、抹茶、巧克力）。

● （小吃）冷冻比萨（大份、小份、吐司比萨）、薄煎饼、比利时华夫饼、法国吐司、玉米热狗、汉堡牛肉饼。

第 **9** 章

"家计"的支出
及每月支出数据

数据来源: 总务省统计局
平成 24 年（2012 年）家计调查年报
　＜家计收支篇＞
全部为每 1 户的数据
（每户家庭成员都为 2 人以上）

豆腐

■ 支出金额 ─■─ 购入数量

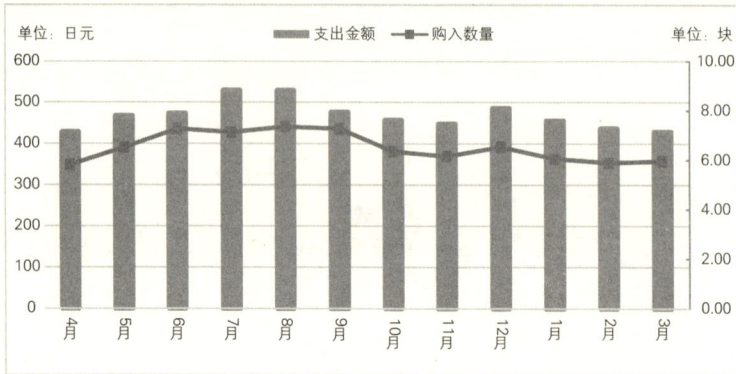

	4月	5月	6月	7月	8月	9月	10月	11月	12月	1月	2月	3月
支出金额	428	467	473	529	529	476	457	448	486	456	437	429
购入数量	5.81	6.51	7.26	7.13	7.35	7.26	6.35	6.16	6.53	6.06	5.90	5.96

油炸豆腐

■ 支出金额

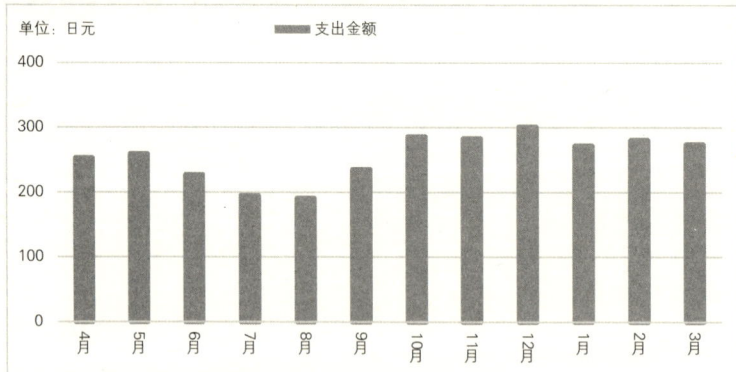

	4月	5月	6月	7月	8月	9月	10月	11月	12月	1月	2月	3月
支出金额	253	259	227	195	191	235	286	283	301	272	281	274

魔芋

单位：日元　　　■ 支出金额

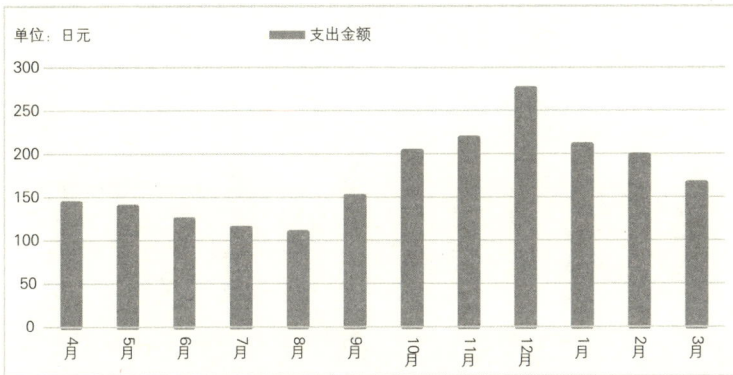

	4月	5月	6月	7月	8月	9月	10月	11月	12月	1月	2月	3月
支出金额	143	139	124	114	109	151	203	218	275	210	198	166

纳豆

单位：日元　　　■ 支出金额

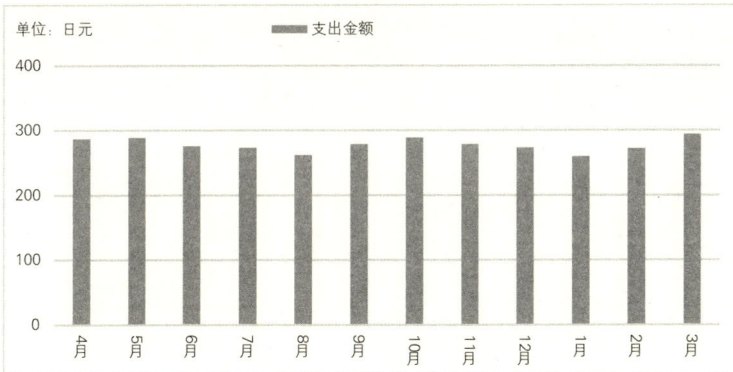

	4月	5月	6月	7月	8月	9月	10月	11月	12月	1月	2月	3月
支出金额	287	289	276	273	262	279	289	279	273	260	272	294

其他豆制品（冻豆腐、黄豆粉、豆腐渣等）

单位：日元　　■ 支出金额

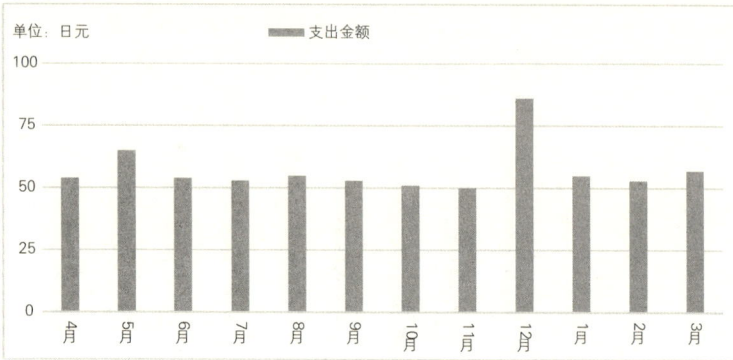

	4月	5月	6月	7月	8月	9月	10月	11月	12月	1月	2月	3月
支出金额	54	65	54	53	55	53	51	50	86	55	53	57

生乌冬面、荞麦面

单位：日元　　■ 支出金额　—■— 购入数量　　单位：g

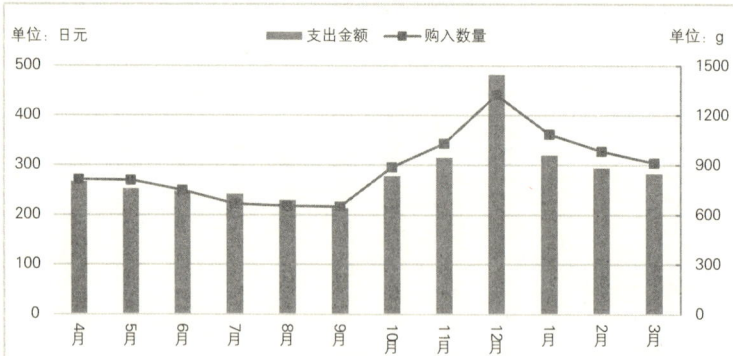

	4月	5月	6月	7月	8月	9月	10月	11月	12月	1月	2月	3月
支出金额	267	253	248	242	230	214	278	315	482	320	294	283
购入数量	814	809	749	667	654	650	887	1030	1324	1086	983	912

282

腌萝卜

单位：日元　　　　　█ 支出金额　━■━ 购入数量　　　　　单位：g

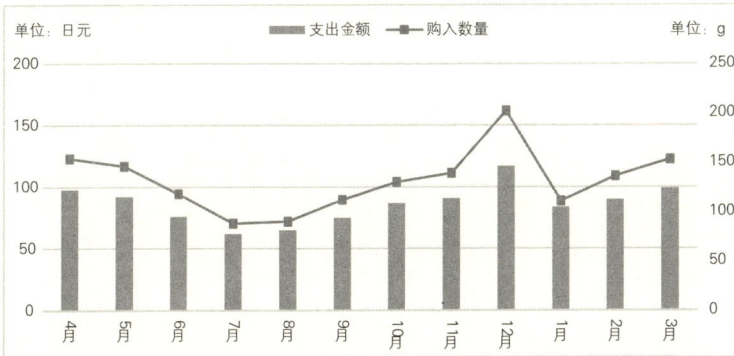

	4月	5月	6月	7月	8月	9月	10月	11月	12月	1月	2月	3月
支出金额	98	92	76	62	65	75	87	91	117	84	90	99
购入数量	154	146	118	88	90	112	130	139	202	111	136	153

腌白菜

单位：日元　　　　　█ 支出金额　━■━ 购入数量　　　　　单位：g

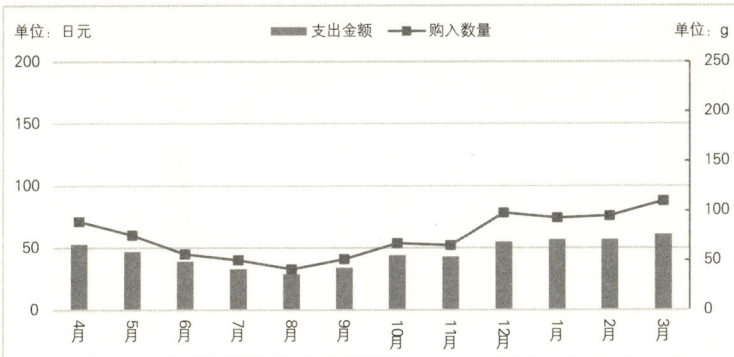

	4月	5月	6月	7月	8月	9月	10月	11月	12月	1月	2月	3月
支出金额	53	47	39	33	29	34	44	43	55	57	57	61
购入数量	89	75	56	50	41	51	67	65	98	93	95	110

梅干

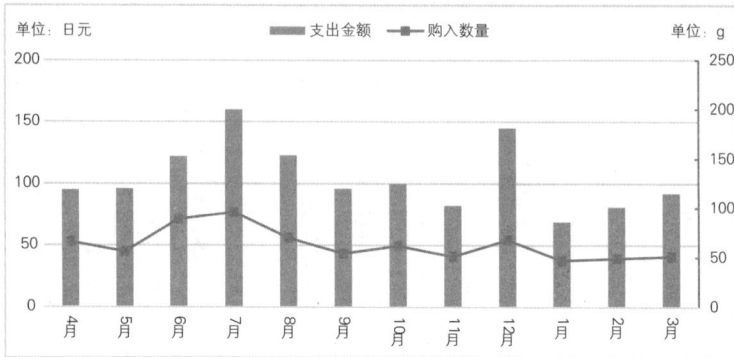

单位：日元　　　■ 支出金额　—■— 购入数量　　　单位：g

	4月	5月	6月	7月	8月	9月	10月	11月	12月	1月	2月	3月
支出金额	95	96	122	160	123	96	100	82	145	69	81	92
购入数量	66	56	89	96	70	54	62	51	68	47	49	51

其他腌菜类（红姜丝等）

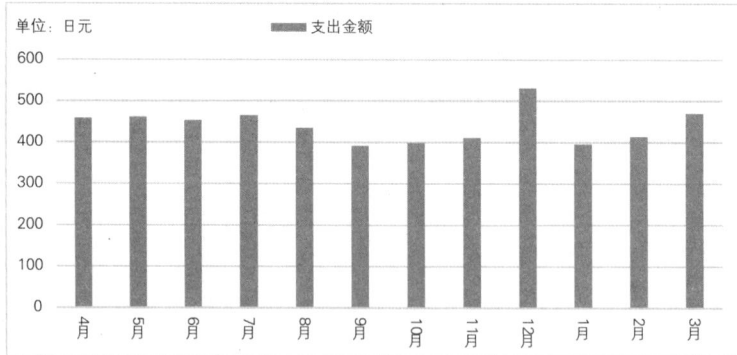

单位：日元　　　　■ 支出金额

	4月	5月	6月	7月	8月	9月	10月	11月	12月	1月	2月	3月
支出金额	458	461	453	465	435	392	399	411	531	396	414	470

鱼类腌制品（醋腌青花鱼、醋腌章鱼等）

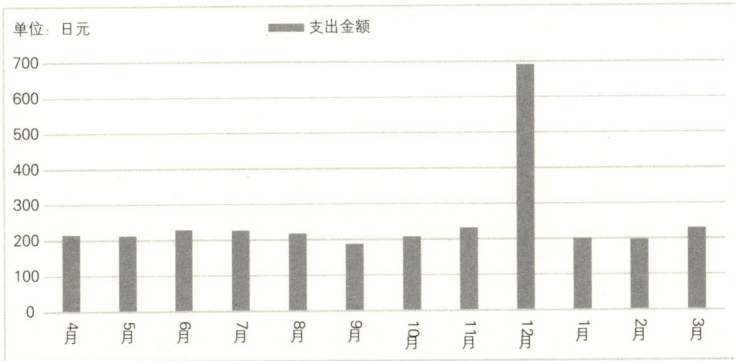

单位：日元　　　　　　■ 支出金额

	4月	5月	6月	7月	8月	9月	10月	11月	12月	1月	2月	3月
支出金额	216	213	229	227	218	188	208	232	692	201	198	230

甜烹海带

单位：日元　　　　　■ 支出金额　━ 购入数量　　　　单位：g

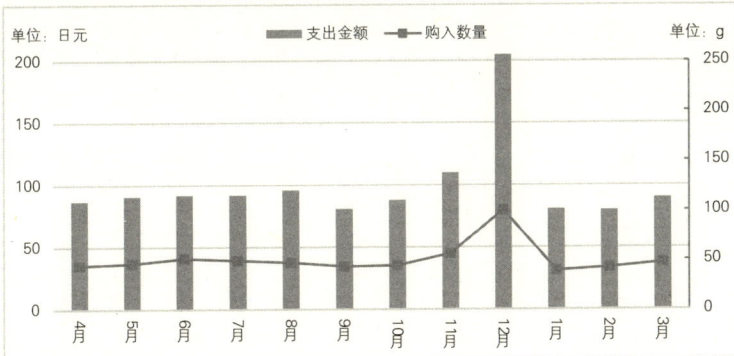

	4月	5月	6月	7月	8月	9月	10月	11月	12月	1月	2月	3月
支出金额	87	91	92	92	96	81	88	110	205	81	80	90
购入数量	44	46	51	49	47	43	44	56	100	39	42	47

甜烹海鲜

单位：日元　　　　　■ 支出金额

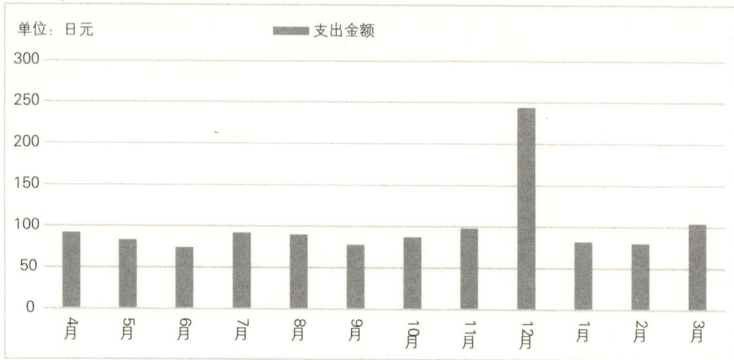

	4月	5月	6月	7月	8月	9月	10月	11月	12月	1月	2月	3月
支出金额	92	83	74	92	90	78	87	98	244	82	80	104

其他蔬菜、甜烹海藻类（海苔等）

单位：日元　　　　　■ 支出金额

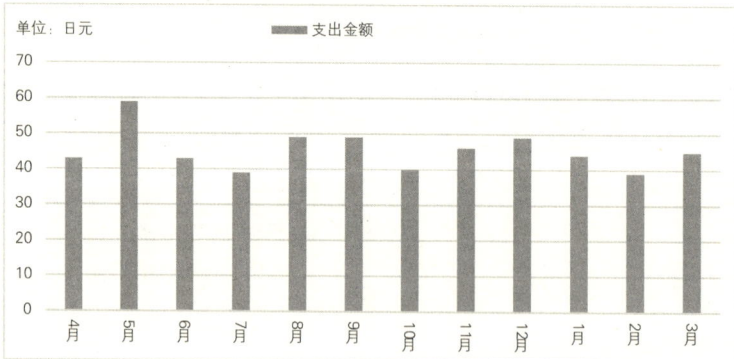

	4月	5月	6月	7月	8月	9月	10月	11月	12月	1月	2月	3月
支出金额	43	59	43	39	49	49	40	46	49	44	39	45

鱼糕

单位：日元　　　　　　　　■ 支出金额

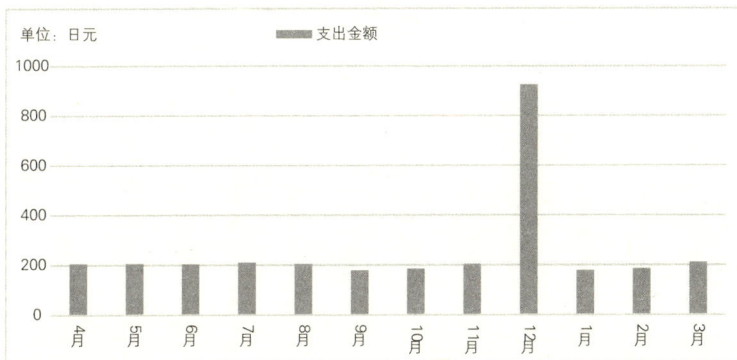

	4月	5月	6月	7月	8月	9月	10月	11月	12月	1月	2月	3月
支出金额	206	206	204	210	205	179	185	204	924	179	186	211

鱼卷

单位：日元　　　　　　　　■ 支出金额

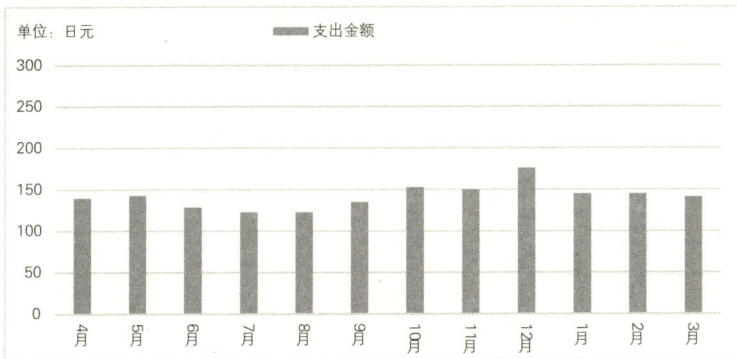

	4月	5月	6月	7月	8月	9月	10月	11月	12月	1月	2月	3月
支出金额	140	143	129	123	123	135	153	150	176	145	145	141

287

油炸鱼糕（炸胡萝卜鱼肉饼等）

单位：日元　　　　　■ 支出金额

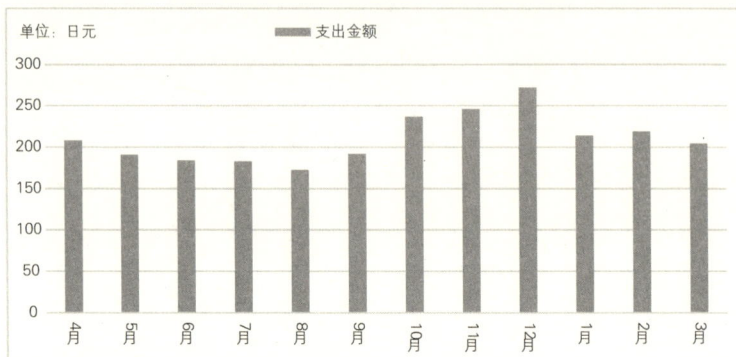

	4月	5月	6月	7月	8月	9月	10月	11月	12月	1月	2月	3月
支出金额	208	191	184	183	173	192	237	246	272	214	219	205

其他鱼肉熟食（鱼肉山芋饼、伊达卷等）

单位：日元　　　　　■ 支出金额

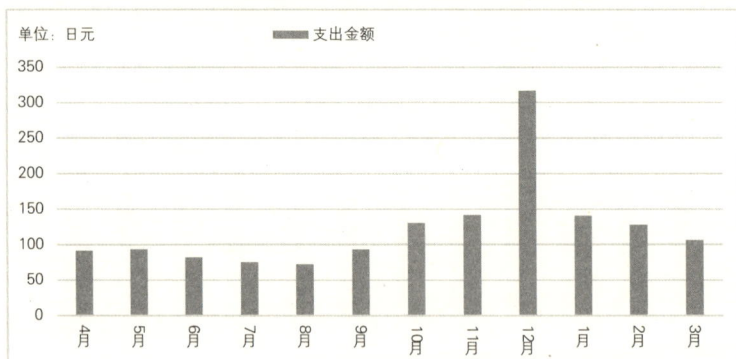

	4月	5月	6月	7月	8月	9月	10月	11月	12月	1月	2月	3月
支出金额	91	93	82	75	72	93	131	142	317	141	128	106

288

其他蔬菜、海藻加工食品（蔬菜罐头、金针菇等）

单位：日元　　　■ 支出金额

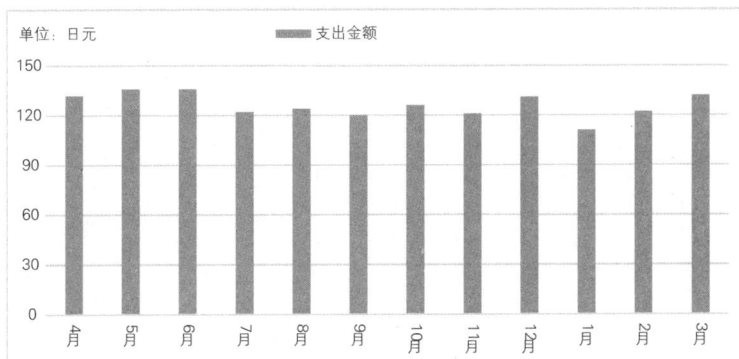

	4月	5月	6月	7月	8月	9月	10月	11月	12月	1月	2月	3月
支出金额	132	136	136	122	124	120	126	121	131	111	122	132

其他鱼类加工食品（腌鱼肉、乌贼丝等）

单位：日元　　　■ 支出金额

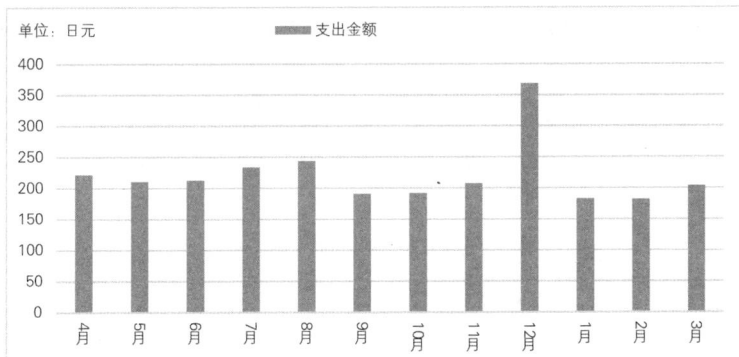

	4月	5月	6月	7月	8月	9月	10月	11月	12月	1月	2月	3月
支出金额	222	211	213	234	244	191	192	208	369	183	182	204

鸡蛋

■ 支出金额 —■— 购入数量

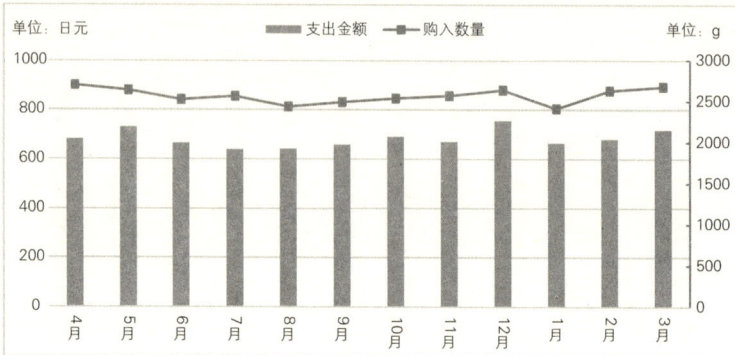

	4月	5月	6月	7月	8月	9月	10月	11月	12月	1月	2月	3月
支出金额	681	730	665	640	641	658	691	670	755	665	681	718
购入数量	2699	2637	2524	2564	2436	2492	2538	2569	2639	2413	2630	2679

黄油

■ 支出金额 —■— 购入数量

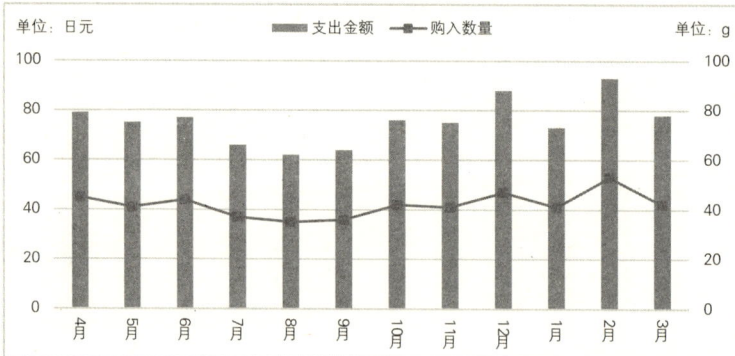

	4月	5月	6月	7月	8月	9月	10月	11月	12月	1月	2月	3月
支出金额	79	75	77	66	62	64	76	75	88	73	93	78
购入数量	45	41	44	37	35	36	42	41	47	41	53	42

奶酪

单位：日元　■支出金额　■—购入数量　单位：g

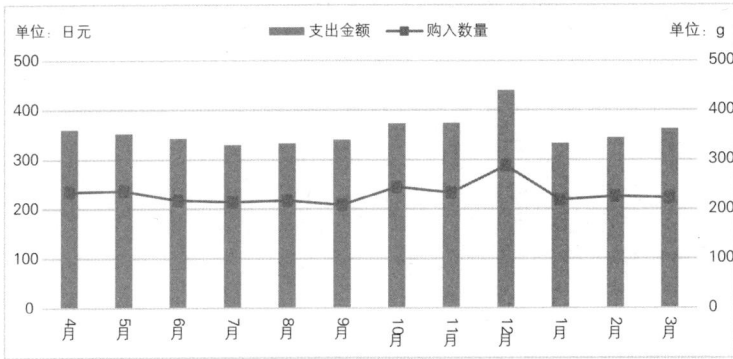

	4月	5月	6月	7月	8月	9月	10月	11月	12月	1月	2月	3月
支出金额	360	352	343	330	333	340	373	374	440	333	344	362
购入数量	234	236	217	214	217	208	245	233	288	219	226	223

其他乳制品（生奶油等）

单位：日元　■支出金额

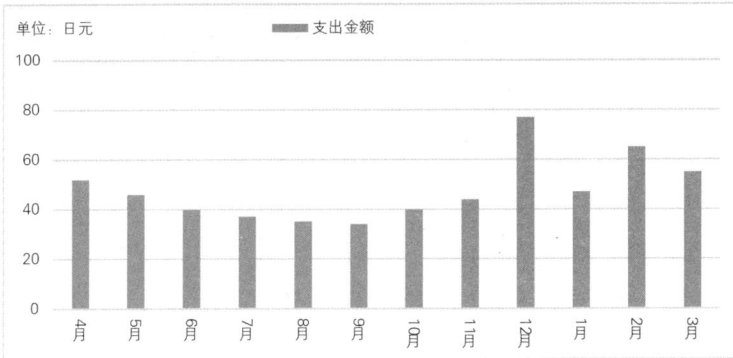

	4月	5月	6月	7月	8月	9月	10月	11月	12月	1月	2月	3月
支出金额	52	46	40	37	35	34	40	44	77	47	65	55

291

牛奶

单位：日元 ■支出金额 ■购入数量 单位：g

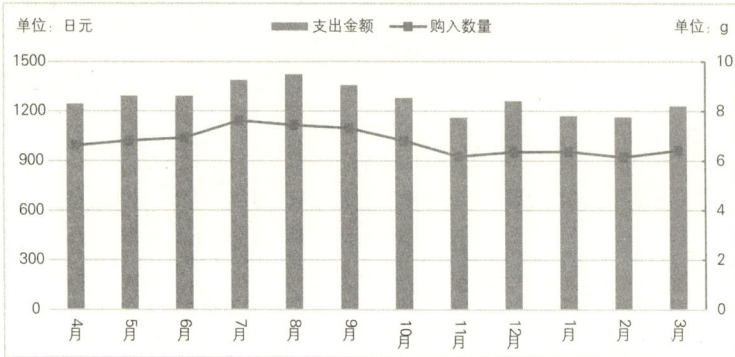

	4月	5月	6月	7月	8月	9月	10月	11月	12月	1月	2月	3月
支出金额	1243	1293	1291	1388	1423	1358	1281	1162	1261	1171	1164	1231
购入数量	6.61	6.81	6.93	7.62	7.44	7.31	6.81	6.18	6.36	6.37	6.15	6.42

酸奶

单位：日元 ■支出金额

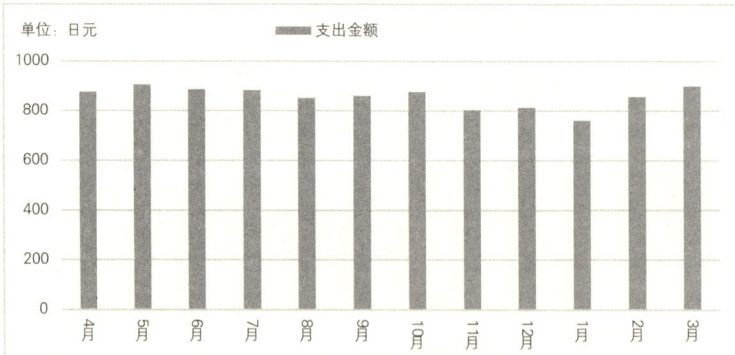

	4月	5月	6月	7月	8月	9月	10月	11月	12月	1月	2月	3月
支出金额	877	906	887	883	851	859	875	803	813	761	856	899

布丁

单位：日元　　　■ 支出金额

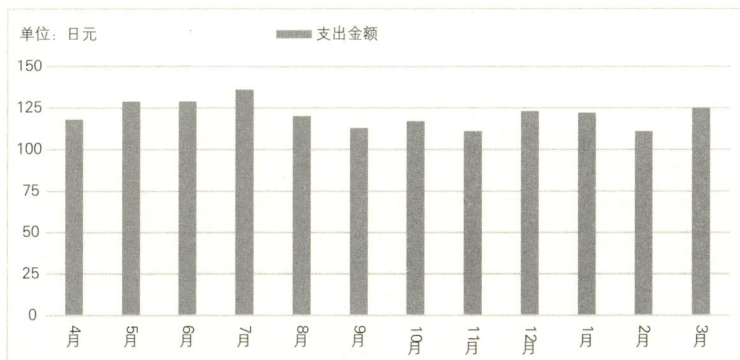

	4月	5月	6月	7月	8月	9月	10月	11月	12月	1月	2月	3月
支出金额	118	129	129	136	120	113	117	111	123	122	111	125

果冻

单位：日元　　　■ 支出金额

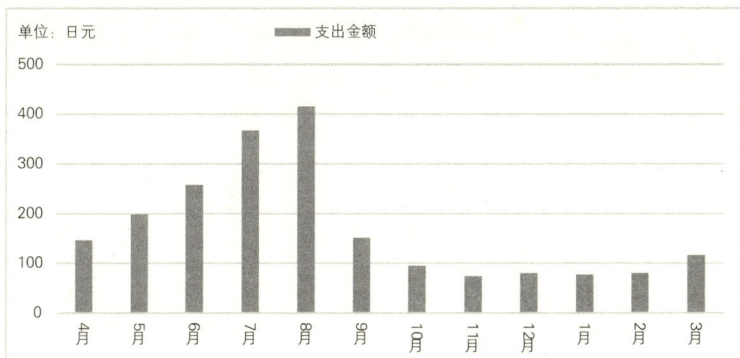

	4月	5月	6月	7月	8月	9月	10月	11月	12月	1月	2月	3月
支出金额	146	199	258	367	415	151	95	74	80	77	80	116

蛋糕

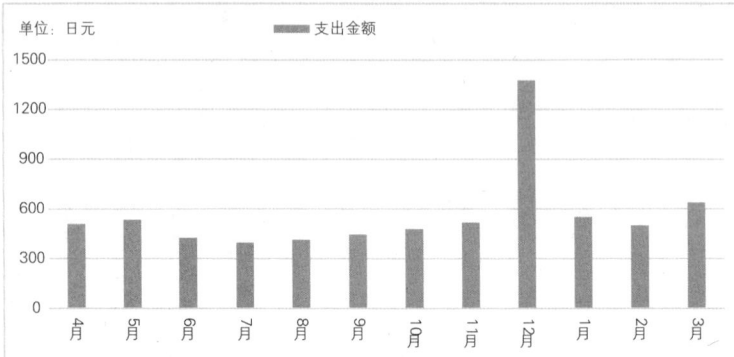

单位：日元　　　　　　　■ 支出金额

	4月	5月	6月	7月	8月	9月	10月	11月	12月	1月	2月	3月
支出金额	509	534	424	397	414	446	478	517	1375	551	500	637

蜂蜜蛋糕

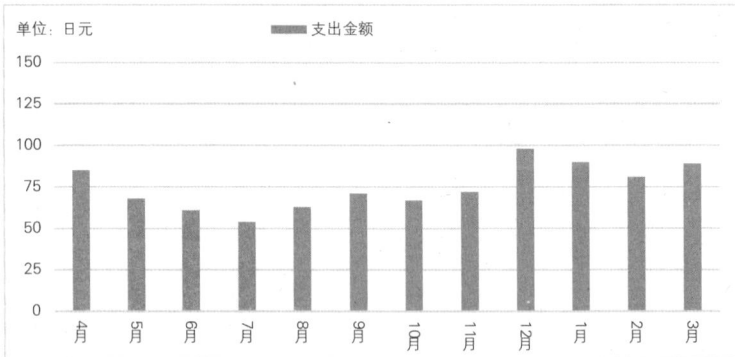

单位：日元　　　　　　　■ 支出金额

	4月	5月	6月	7月	8月	9月	10月	11月	12月	1月	2月	3月
支出金额	85	68	61	54	63	71	67	72	98	90	81	89

其他西点

单位：日元　　　　　　　　　　■ 支出金额

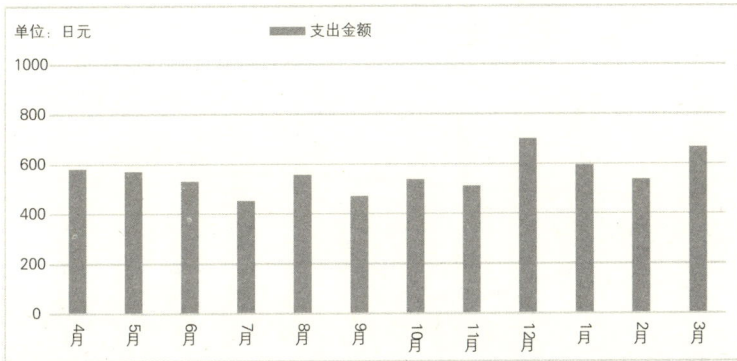

	4月	5月	6月	7月	8月	9月	10月	11月	12月	1月	2月	3月
支出金额	582	572	530	453	558	471	539	513	701	595	537	666

日式点心

单位：日元　　　　　　　　　　■ 支出金额

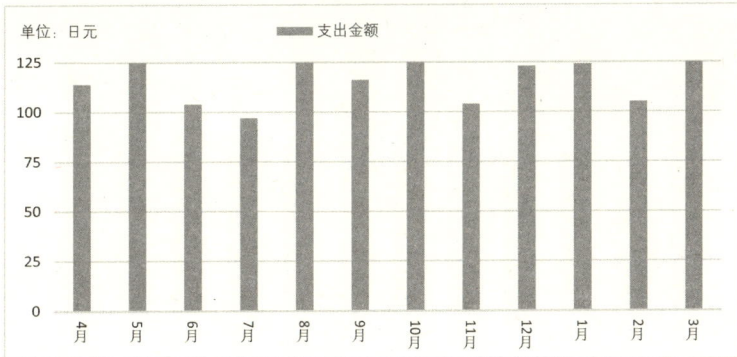

	4月	5月	6月	7月	8月	9月	10月	11月	12月	1月	2月	3月
支出金额	114	144	104	97	136	116	131	104	123	124	105	128

羊羹

单位：日元　　　　　　　■ 支出金额

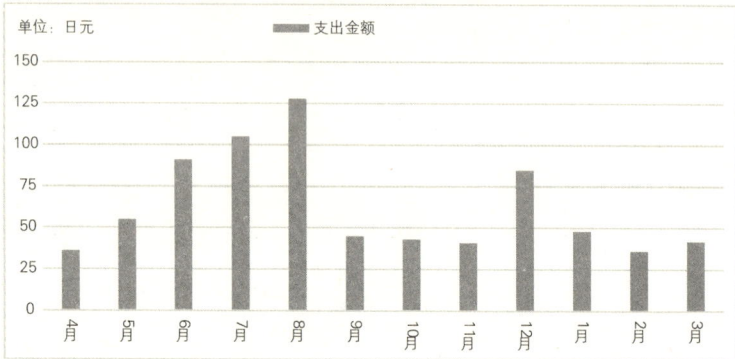

	4月	5月	6月	7月	8月	9月	10月	11月	12月	1月	2月	3月
支出金额	36	55	91	105	128	45	43	41	85	48	36	42

其他日式点心（铜锣烧、大福等）

单位：日元　　　　　　　■ 支出金额

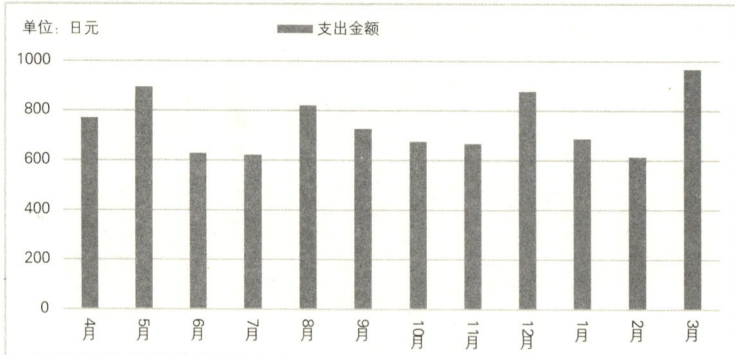

	4月	5月	6月	7月	8月	9月	10月	11月	12月	1月	2月	3月
支出金额	770	895	628	622	820	726	675	667	877	687	614	967

第 **10** 章

营业额、利润，卖场及商品"数字"

有关超市"数字"的基础知识

为了理解超市的各项"数字",需要参考商品评价。在把握利润这方面,需要在零售业的基本数值的基础上,加上"部门特性"后读取数值。

超市的数据分析

①售价(采购卖价)

采购时所设想的销售价格,一般称为采购卖价或理想销售额。而实际销售的数值称为销售额。

理想销售额 = 卖价(采购卖价)× 采购数量

②成本价(采购成本价)

从供货商进货时的商品价格,通常称为采购成本价。

③加价、加价率

售价①减去成本价②后的估算利润额。

加价 = 售价(采购卖价)– 成本价(采购成本价)

这个加价除以售价①后再乘以 100%,所得到的百分比数值即为加价率。

加价率 = 售价(采购卖价)– 成本价(采购成本价)/ 售价(采购卖价)× 100%

④销售额

在收银台实际售出的金额。作为表现营业活动结果的数值，销售额是部门、店铺、企业整体的衡量值。

⑤成本价（销售成本价）

与营业额相关的成本价。损益计算表上所标识的期初库存额加上期间的采购额，再减去期末库存额后得到的数值。

①售价（采购卖价）= 理想销售额	③加价	⑦损耗额	④实际销售额
		⑥毛利润	
	②成本价（进货成本）	⑤成本价（销售额成本）	

⑥总利润额

销售额④减去成本价（销售成本价）⑤后得到的金额。常作为部门、店铺的利润速报值用于现场盘货。（盘货→通过实际清点商品确定某一期间内的库存额）

销售额 – 成本价（销售成本价）= 总利润额

盘货计算

销售额 –（期初库存额＋期间采购额 – 期末库存额）= 总利润额

⑦损耗额

采购的商品的实际销售额与理想销售额之间的差额。

损耗率为损耗额与销售额的比率。损耗的产生主要有贱卖、废弃、盗窃、找错零钱、商品破损等方面的原因。应有的实际库存额与实际库存额之间的差额也称为损耗额。

☆设定预估损耗

一般食品（非生鲜食品等）的保质期一般为数日、数月乃至数年，加之进价（采购成本价）一般较稳定，预估损耗相对较小。所以一般食品的贱卖等损耗较小，损耗率一般预设在2%–3%。

而日配商品因为贱卖、废弃等，预估损耗通常比一般食品设定得高，且需要提前在加价额上追加预估损耗。

◎一般食品

总利润率（预算）18％＋预估损耗2%=20%（加价率）

◎日配部门

总利润率（预算）25％＋预估损耗5%=30%（加价率）

营业额及顾客数、顾客单价、购买数量

正如"提高营业额可以拯救一切数字"这句话所说，商业买卖中销售额是所有数字的基础。

可以说预设的销售额是必须达成的数字。达不成的话，所有数字都会开始出现错误，并最终导致利润难以确保。

要时刻记得每日、每周、每月、每季度的销售预算。实际业绩达不到时要考虑相应对策以最终实现预算。

表①　销售管理表(月)例　　　　　　　　　　(单位：千日元)

	3月	4月	5月	6月
预估销售额	22604	21512	21993	20772
销售额	22864	21905	21801	19989
预估销售额实现比率	101.2%	101.8%	99.1%	96.2%
上一年度销售额	22161	21091	21562	20365
销售额前年同期比	103.2%	103.9%	101.1%	98.2%
销售额前年同期增长额	703	814	239	▲ 376
销售额前年同期增长率	3.2%	3.9%	1.1%	▲ 1.8%

分析销售额

要学会分析销售额并考虑提高销售额的对策。

如表①所示，构成销售状况的因素有很多。在理解它们各自的意义及内容后再进行分析，这样有助于提高销售额。

销售情况不理想时，要找出在哪个环节出了问题。

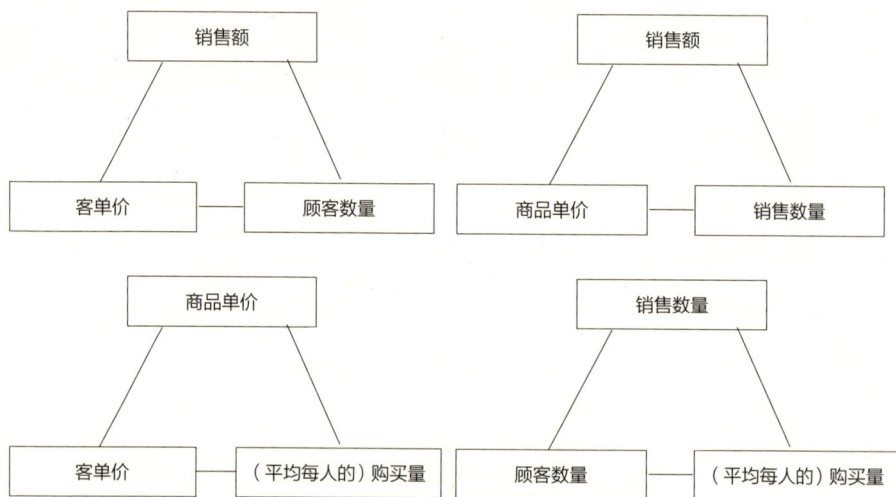

图① 构成销售状况的诸要素

为正确理解图①的内容，需掌握其构成三要素之间的相互关系。

用算式表示如下：

销售额 = 客单价 × 顾客数量

销售额 = 商品单价 × 销售数量

商品单价 = 客单价 ÷（平均每人的）购买量

销售数量 = 顾客数量 ×（平均每人的）购买量

进一步分解上述算式的话，可以求得各构成要素的计算方

302

式（图②）。

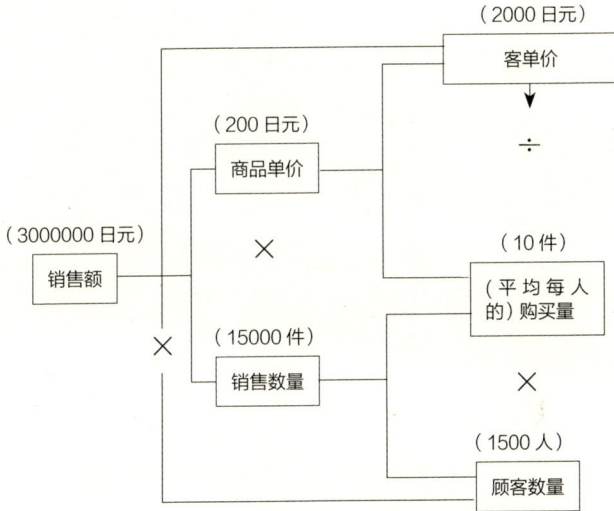

图② 销售额的分析方法

基于 ABC 分析的卖场管理

增加顾客数量对提高销售额来说尤为重要。增加顾客数量的主要措施如下：

①扩大卖场面积、增加商品种类。

②延长营业时间。

③增加商品量、防止出现少货、断货现象。

④加强传单宣传、店内促销等活动。

⑤提高服务质量。

提高客单价的主要措施有：

①以便宜的价格提高顾客的购买量。

②引进高质量商品、高单价商品、大包装商品等，提高商品的单价。

③销售附加价值较高的商品（特别是生鲜食品、家常菜）。

④通过销售相关商品、提案菜单等提高顾客购买量。

⑤加强积分卡等促销活动。

ABC 分析

这是一种将商品按照销售额的高低顺序划分成 3 个等级，以便于进行重点性销售、管理的分析方法。这种分析有助于防止出现断货，及商品的单品管理。

表②　ABC分析(按销售额高低顺序)　　　　（单位：日元）

排序	商品名称	销售额	销售额构成比	累计构成比	等级
1	一	3500000	35%	35%	
2	二	2000000	20%	55%	A
3	三	1500000	15%	70%	
4	四	800000	8%	78%	
5	五	700000	7%	85%	B
6	六	500000	5%	90%	
7	七	400000	4%	94%	
8	八	300000	3%	97%	
9	九	200000	2%	99%	C
10	十	100000	1%	100%	
总计		10000000	100%		

ABC 分析的方法及程序

①按销售额高低顺序摆放商品。

②将总销售额作为 100，计算出各商品的销售构成比。

③累积销售额构成比。

④以销售额构成比的累积为纵轴、商品为横轴，将其图式化。

⑤在图③的 70%、90% 处分别画一条横线，在与曲线相交处垂直再分别画一条线，将 70% 以下的划分为 A 组，70%-90% 的为 B 组，90% 以上的为 C 组（图③）。

从图③可以看出，A 等级商品的商品数量占总商品数量的

30%，销售额构成比为 70%。一般情况下，在效率较好的卖场，A 等级商品的数量占总商品数量的 20%，销售额构成比为 80%。为达成这一目标，需在扩大商品陈列量，防止少货、断货等方面下功夫。

用棒球来比喻的话，B 等级商品则相当于二级选手。如果改变陈列位置，或季节变化的话可能会成为 A 等级商品。

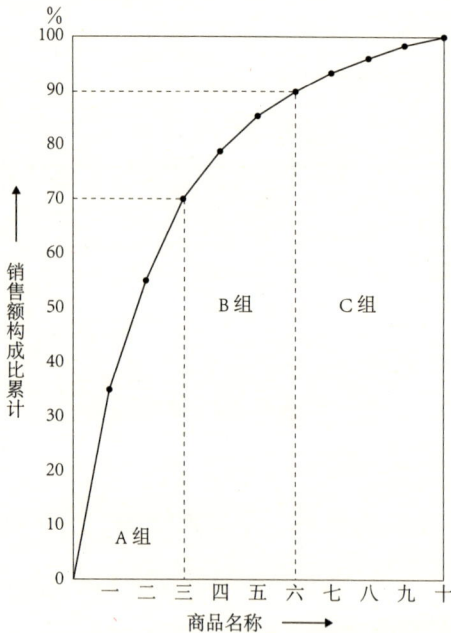

图③　ABC分析图

对于这类商品，要尽快使之成为 A 等级商品。

如表②所示，C 等级商品有 4 类，但却只有 10% 的销售额构成比。

　　除必需的商品外，可以讨论对类似商品的处理等，而且可撤销的商品应尽早从卖场中撤除。

利润的管理与数值

利润管理是仅次于销售额管理的一个重要管理项目，所以必须进行利润管理并计算出正确数值。

因日配部门采用的是售价盘货的形式，所以在期初预估成本价库存额上加上采购成本价后，再减去期末预估成本价库存额便可计算出销售成本价。销售额减去销售成本价便是利润额。

提高利润额有如下方法：

①提高销售额。

②提高毛利率。

③减少损耗。

④降低利润率，增加商品的销售数量。

⑤多销售利润率高的商品。

表③　利润管理用语

1. 利润额

①利润额	销售额－销售成本价
②预估利润额	销售额－（期初预估成本价库存额＋采购成本价－期末预估成本价库存额）
③利润额预算	预算后的利润额

2. 利润率

①利润率	利润额除以销售额后得到的数值 利润额 ÷ 销售额 ×100%

①基于判定表（Decision Table）的分析

判定表是有助于提高销售额、利润额的表格，它基于商品的销售数量和利润额两个项目，将商品分为最重点销售商品、利润贡献商品、防止出现断货的商品、撤销对象商品4类。

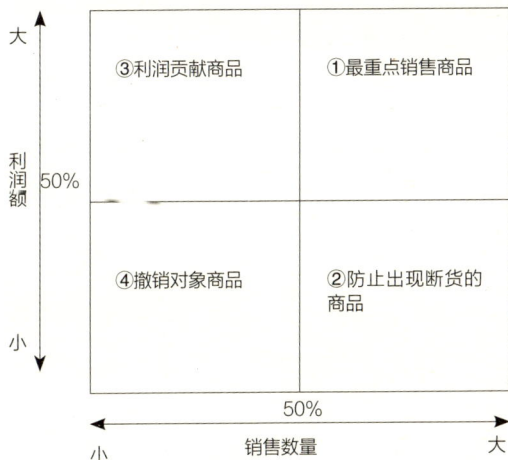

①最重点销售商品
将其放置在利于销售的地方，活用平面陈列柜、扩大陈列数量
②防止出现断货的商品
放置在货物架的最下层并扩大陈列数量
③利润贡献商品
作为相关商品陈列、侧边陈列、2、3处陈列点
④撤销对象商品
减少陈列数量、撤除类似商品

图④ 判定表分析

②基于相乘积（profit mix）的分析

制作一个与加价相乘积（margin mix）相同的表格，以提升高利润商品构成比的商品，改善低利润商品的利润率。

③基于利润额 Best、Worst 的分析

制作一个利润额 Best 与 Worst 的列表，加强 Best 商品的销售，削减 Worst，特别是负利润商品（战略商品除外）。

通过相乘积改善毛利

相乘积是指通过销售额构成比及加价率或利润率控制最终加价率、利润率的一种方法。加价的相乘积（margin mix）所表示的为销售额构成比与加价率的关系。

利润相乘

表④　加价相乘积(margin mix)

商品名称	销售额	销售构成比	加价率	相乘积
A	40000	40%	30%	1200
B	25000	25%	30%	750
C	20000	20%	35%	700
D	10000	10%	40%	400
E	5000	5%	50%	250
合计	100000	100%		3300

加价率总计 3300÷100=33%
上升至 36.75%

商品名称	销售额	销售构成比	加价率	相乘积
A	40000	40%	30%	1200
B	25000	25%	45%	1125
C	20000	20%	35%	700
D	10000	10%	40%	400
E	5000	5%	50%	250
合计	100000	100%		3675

3675÷100=36.75%

积（profit mix）表示的是销售额构成比与利润率之间的关系。将
表④中商品 B 的加价率改为 45% 的话，加价率总计就从 33% 上
升至 36.75%。

损耗率及其控制

损耗是指理想销售额与实际销售额之间的差额。损耗大致分为两大类。分别为因减价、废弃等造成的损耗，及因断货等原因造成的机会损耗（chance lose）。

无论是哪种，均为商品管理不当导致的损耗。

所以要彻底执行损耗管理，改善利润额及销售额。

损耗产生的原因

①减价、废弃导致的损耗

a. 采购失误

由于过季、天气变化等导致库存过剩，而产生的损耗。

b. 商品的操作失误

操作失误导致的商品容器、包装袋破损、污垢、变形、破碎等损耗。

c. 设备不良

冷冻食品、冰淇淋的冷冻柜故障导致的损耗。

d. 发票失误

发票丢失、填写错误、退货单遗漏、重填遗漏等导致的损耗。

e. 出纳失误

因出纳部门的失误产生的损耗。

f. 盘货失误

弄错数量、填写疏漏、盘货表丢失等导致的损耗。

g. 竞争对手的对策

因与竞争店铺的价格相比较产生的损耗。

h. 盗窃

因盗窃产生的损耗。

②**机会损耗（chance loss）**

a. 断货造成的损耗。

b. 量不足造成的损耗。

c. 摘掉价格标牌后进行价格设定造成的损耗。

d. 因促销商品产生的损耗。

e. 因销售积极性的欠缺产生的损耗。

f. 因无销售计划产生的损耗。

表⑤ 减价、废弃损耗额管理表(销售额best)

商品名	销售额	销售量	减价额	废弃额	损耗额	损耗率	利润额	利润率
A	25300	200	300	0	300	1.19%	9300	36.76%

假设 A 商品的进价（采购成本价）为80日元，售价（采购卖价）为128日元。现售出200个，减价300日元。那么，

损耗率 = 减价金额 ÷ 销售额 × 100%

=300/25300 × 100%=1.19%

利润额 = 销售额 − 总进价（进价 × 销售数量）

=25300−16000=9300

利润率＝利润额÷销售额×100%
=9300/25300×100%=36.76%

<h3 align="center">表⑥　减价、废弃损耗额worst管理表</h3>

商品名	销售额	销售量	减价额	废弃额	损耗额	损耗率	总利润额	总利润率
B	1884	8	500	596	1096	58.17%	−116	−6.16%

假设 B 商品的进价为 200 日元，售价为 298 日元。售出 8 个，销售额为 1884 日元。现减价 500 日元，废弃 2 个（298×2=596）。那么，

损耗额＝减价额＋废弃额

=500 ＋ 596=1096

损耗率＝损耗额÷销售额×100%

=1096/1884×100%=58.17%

利润额＝销售额－总进价

　　　　[总进价＝进价×（销售数量＋废弃数量）]

=1884-2000=-116

利润率＝利润额÷销售额×100%

=-116/1884×100%= -6.16%

因为销售额比进价低，所以要及时找出这些拖店或部门后腿的商品，并尽早采取相应措施。

"服务的细节" 系列

《卖得好的陈列》：日本"卖场设计
第一人"永岛幸夫
定价：26.00 元

《为何顾客会在店里生气》：家电卖
场销售人员必读
定价：26.00 元

《完全餐饮店》：一本旨在长期适用
的餐饮店经营实务书
定价：32.00 元

《完全商品陈列 115 例》：畅销的陈
列就是将消费心理可视化
定价：30.00 元

《让顾客爱上店铺 1——东急手创
馆》：零售业的非一般热销秘诀
定价：29.00 元

《如何让顾客的不满产生利润》：重
印 25 次之多的服务学经典著作
定价：29.00 元

《新川服务圣经——餐饮店员工必学
的 52 条待客之道》：日本"服务之
神"新川义弘亲授服务论
定价：23.00 元

《让顾客爱上店铺 2——三宅一生》：
日本最著名奢侈品品牌、时尚设计与
商业活动完美平衡的典范
定价：28.00 元

《摸过顾客的脚才能卖对鞋》：你所不知道的服务技巧，鞋子卖场销售的第一本书

定价：22.00 元

《繁荣店的问卷调查术》：成就服务业旺铺的问卷调查术

定价：26.00 元

《菜鸟餐饮店 30 天繁荣记》：帮助无数经营不善的店铺起死回生的日本餐饮第一顾问

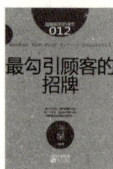

定价：28.00 元

《最勾引顾客的招牌》：成功的招牌是最好的营销，好招牌分分钟替你召顾客！

定价：36.00 元

《会切西红柿，就能做餐饮》：没有比餐饮更好做的卖卖！ 饭店经营的"用户体验学"。

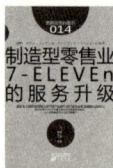

定价：28.00 元

《制造型零售业——7-ELEVEn 的服务升级》：看日本人如何将美国人经营破产的便利店打造为全球连锁便利店 NO.1！

定价：38.00 元

《店铺防盗》：7大步骤消灭外盗，11种方法杜绝内盗，最强大店铺防盗书！

定价：28.00元

《中小企业自媒体集客术》：教你玩转拉动型销售的7大自媒体集客工具，让顾客主动找上门！

定价：36.00元

《敢挑选顾客的店铺才能赚钱》：日本店铺招牌设计第一人亲授打造各行业旺铺的真实成功案例

定价：32.00元

《餐饮店投诉应对术》：日本23家顶级餐饮集团投诉应对标准手册，迄今为止最全面最权威最专业的餐饮业投诉应对书。

定价：28.00元

《大数据时代的社区小店》：大数据的小店实践先驱者、海尔电器的日本教练传授小店经营的数据之道

定价：28.00元

《线下体验店》：日本"体验式销售法"第一人教你如何赋予O2O最完美的着地！

定价：32.00元

《医患纠纷解决术》：日本医疗服务第一指导书，医院管理层、医疗一线人员必读书！ 医护专业入职必备！
定价：38.00元

《迪士尼店长心法》：让迪士尼主题乐园里的餐饮店、零售店、酒店的服务成为公认第一的，不是硬件设施，而是店长的思维方式。
定价：28.00元

《女装经营圣经》：上市一周就登上日本亚马逊畅销榜的女装成功经营学，中文版本终于面世！
定价：36.00元

《医师接诊艺术》：2秒速读患者表情，快速建立新赖关系！ 日本国宝级医生日野原重明先生重磅推荐！
定价：36.00元

《超人气餐饮店促销大全》：图解型最完全实战型促销书，200个历经检验的餐饮店促销成功案例，全方位深挖能让顾客进店的每一个突破点！
定价：46.80元

《服务的初心》：服务的对象十人百样，服务的方式千变万化，唯有，初心不改！
定价：39.80元

《最强导购成交术》：解决导购员最头疼的 55 个问题，快速提升成交率！
定价：36.00 元

《帝国酒店——恰到好处的服务》：日本第一国宾馆的 5 秒钟魅力神话，据说每一位客人都想再来一次！
定价：33.00 元

《服务的细节 029：餐饮店长如何带队伍》：解决餐饮店长头疼的问题——员工力！让团队帮你去赚钱！
定价：36.00 元

《服务的细节 030：漫画餐饮店经营》：老板、店长、厨师必须直面的 25 个营业额下降、顾客流失的场景
定价：36.00 元

《服务的细节 031：店铺服务体验师报告》：揭发你习以为常的待客漏洞 深挖你见怪不怪的服务死角 50 个客户极致体验法则
定价：38.00 元

《服务的细节 032：餐饮店超低风险运营策略》：致餐饮业有志创业者 & 计划扩大规模的经营者 & 与低迷经营苦战的管理者的最强支援书
定价：42.00 元

《服务的细节033：零售现场力》：全世界销售额第一名的三越伊势丹董事长经营思想之集大成，不仅仅是零售业，对整个服务业来说，现场力都是第一要素。

定价：38.00元

《服务的细节034：别人家的店为什么卖得好》：畅销商品、人气旺铺的销售秘密到底在哪里？ 到底应该怎么学？ 人人都能玩得转的超简明MBA

定价：38.00元

《服务的细节035：顶级销售员做单训练》：世界超级销售员亲述做单心得，亲手培养出数千名优秀销售员！日文原版自出版后每月加印3次，销售人员做单必备。

定价：38.00元

《服务的细节036：店长手绘POP引流术》：专治"顾客门前走，就是不进门"，让你顾客盈门、营业额不断上涨的POP引流术！

定价：39.80元

《服务的细节037：不懂大数据，怎么做餐饮？》：餐饮店倒闭的最大原因就是"讨厌数据的糊涂账"经营模式。

定价：38.00元

《服务的细节038：零售店长就该这么干》：电商时代的实体店长自我变革。

定价：38.00元

更多本系列精品图书，敬请期待！

图书在版编目（CIP）数据

生鲜超市工作手册. 日配篇 / 日本《食品商业》编辑部 编；孙传玲 译.
—北京：东方出版社，2016.5
（服务的细节；042）
ISBN 978-7-5060-9052-0

Ⅰ. ①生… Ⅱ. ①日… ②孙… Ⅲ. ①超市—商业服务—手册 Ⅳ. ① F717.6-62

中国版本图书馆 CIP 数据核字（2016）第 115499 号

SUGUWAKARU SUPERMARKET NIPPAI NO SIGOTO HANDBOOK
© SYOKUHISYOUGYOU HENSYUBU 2014
Originally published in Japan in 2014 by THE SHOGYOKAI PUBLISHING CO.,LTD.
Simplified Chinese translation rights arranged through TOHAN CORPORATION, TOYKO,and
BEIJING HANHE CULTURE COMMUNICATION CO.,LTD.

本书中文简体字版权由北京汉和文化传播有限公司代理
中文简体字版专有权属东方出版社
著作权合同登记号 图字：01-2016-3390

服务的细节 042：生鲜超市工作手册日配篇
（FUWU DE XIJIE 042:SHENGXIANCHAOSHI GONGZUOSHOUCE RIPEIPIAN）

编　　者：日本《食品商业》编辑部
译　　者：孙传玲
责任编辑：崔雁行　高琛倩
出　　版：东方出版社
发　　行：人民东方出版传媒有限公司
地　　址：北京市西城区北三环中路 6 号
邮　　编：100120
印　　刷：北京文昌阁彩色印刷有限责任公司
版　　次：2016 年 6 月第 1 版
印　　次：2021 年 1 月第 5 次印刷
开　　本：880 毫米 ×1230 毫米　1/32
印　　张：10.375
字　　数：195 千字
书　　号：ISBN 978-7-5060-9052-0
定　　价：38.00 元
发行电话：（010）85924663　85924644　85924641